最美的日本文化名詞學習圖鑑

> 「六大主題、千項名詞，
> 從文化著手，
> 升等素養，擺脫死背，
> 立刻融入日本！」

監修──服部幸應、市田ひろみ、山本成一郎
編著──淡交社編集局
插畫──末吉詠子　翻譯──周若珍

英訳付き ニッポンの名前図鑑
和食・年中行事、和服・伝統芸能、
日本建築・生活道具

目次

和食

傳統節慶

和服

傳統藝能

日本建築

寺院

生活用品

家具

燈具

佛龕

墳墓

本書說明

1. 本書中介紹之名詞除日文原文外，另輔以日文讀音（平文式羅馬拼音）標示。惟香具（406-409 頁）的「香（こう）」字，讀音統一以「*kou*」表示。
2. 在各種料理的說明文中提及的調味料，一併於 102 頁介紹。
3. 日本的時代（平安時代、江戶時代等）與公元紀年的對照，請參照 222 頁。

和食

會席料理

和食的套餐稱為「會席（会席，*kaiseki*）」或「懷石（懷石，*kaiseki*）」。
「懷石」原指茶會上的料理，但近年已與「會席」混用。菜色名稱及出菜順序會因店而異。

前菜
先付・*sakitzuke* ／付出し・*tsukidashi*

前菜，或是在前菜之前端出的第一道小菜。

前菜として、あるいは前菜の前に出される最初の一品。

湯品
椀盛・*wanmori* ／椀物・*wanmono*

使用當季食材熬煮，以漆碗（115頁）盛裝的日式清湯。

旬の食材を取り合わせた具に澄まし汁をはって、塗椀（115頁）に盛り付けた料理。

会席料理・*kaiseki-ryori*

和食のコース料理を「会席」「懐石」という。「懐石」という字は本来、茶会の料理を指すが、近年は混用されている。献立（品書き）の名前や順番は、店によって異なる。

生魚片
向付・*mukozuke* ／造り・*tsukuri* ／刺身・*sashimi*

將新鮮的魚貝類切成薄片的料理。一般會佐以辛味蔬菜與辛香料（72頁），蘸醬油食用。

新鮮な魚介を薄く切った料理。香味野菜と香辛料（72頁）を添え、醬油などをつけて食べる。

燒烤料理
焼物・*yakimono*

烤海鮮或烤肉。是會席料理的主菜之一。

魚介や肉などを焼いた料理。会席のメイン料理の一つ。

燉煮料理
煮物・*nimono* ／炊き合せ・*takiawase*

將魚貝類、蔬菜等分別燉煮，再盛裝於同一容器的料理。

魚介類・野菜などを一つ一つ煮て、器に盛り合わせた料理。

油炸料理
揚物・*agemono*
<ruby>揚物<rt>あげもの</rt></ruby>

將食材以油炸方式烹調的料理。在會席料理中多為不沾粉直接油炸或天婦羅、乾粉炸（31頁）。

食材を油で揚げた料理。会席では素揚げ、天ぷら、唐揚げ（31頁）が多い。

下酒菜
強肴・*shiizakana* ／進肴・*susumezakana*

適合下酒的菜餚。種類多樣，如醋漬料理或各式珍饌佳餚。

お酒を勧めるために出される一品。酢の物や珍味など、料理は多様。

白飯
ご飯・*gohan*

白飯或加入當季食材一起炊煮的飯。通常是會席料理中的最後一道菜。

白米もしくは季節の炊き込みご飯。会席では最後に出される。

味噌湯
止椀・*tomewan*

與白飯一起送上的味噌湯。隨季節不同而使用紅味噌、白味噌或調合味噌。

ご飯とともに出される味噌汁。季節によって赤味噌、白味噌、合わせ味噌が使い分けられる。

醬菜
香の物・*konomono*

醃漬的蔬菜。有鹽漬或米糠漬等各種醃漬方法。

野菜の漬物のこと。塩漬け、糠漬けなどの種類がある。

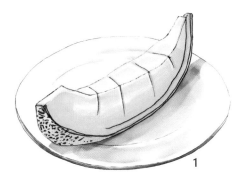

1

2

—— 1

水果

水菓子 · *mizugashi*

套餐最後送上的當季水果。

コースの最後を締めくくる季節の果物。

—— 2

甜點

甘味 · *kammi*

甜食。多為和菓子（86 頁），有些店家亦會提供抹茶。

甘いもの。和菓子（86頁）が多く、抹茶が出されることもある。

味噌鯖魚

鯖の味噌煮 · *saba no miso-ni*

以高湯和味噌烹煮的鯖魚塊。加入薄薑片一起煮,可去除青皮魚特有的腥味。

鯖の切り身を、ダシと味噌で煮た料理。生姜の薄切りを加えて煮込むと青魚特有の生臭さが抑えられる。

滷金眼鯛

金目鯛の煮付け · *kimmedai no nitsuke*

用酒、味醂、醬油快速滷煮的金眼鯛。金眼鯛並非鯛魚,是因為眼睛大且閃耀金光而得名。

金目鯛を酒、みりん、醤油でさっと煮た料理。金目鯛は、目が大きく金色に光るためにこの名が付いているが、タイの仲間ではない。

家庭でも親しまれている、和食の定番料理や食品を紹介。

鰤魚燉蘿蔔

ぶりだいこん
鰤大根・*buri-daikon*

將鰤魚與白蘿蔔一起燉煮的料理。鰤魚在冬季最為肥美，白蘿蔔吸收了鰤魚的甘甜，風味絕佳。

冬が旬の鰤（ぶり）と大根を一緒に煮た料理。鰤の旨味を大根が吸っておいしくなる。

滷鯛魚頭

たい　かぶと　に
鯛の兜煮・*tai no kabuto-ni*

鯛魚頭滷煮而成的料理。由於看似武士的頭盔（兜，*kabuto*），因此日語稱為「兜煮」。而鯛魚在日語中音近「可喜可賀」，因而成為喜慶中不可或缺的食材。

鯛の頭を煮付けた料理。その姿を武士がかぶった兜に見立てて「兜煮」と呼ばれる。鯛は「めでたい」の語呂合わせから、祝い事に欠かせない食材。

筑前煮
筑前煮・*chikuzen-ni* ／がめ煮・*game-ni*

將雞肉與胡蘿蔔、牛蒡、蓮藕等根莖類蔬菜炒過之後再燉煮的料理。原為筑前地區（福岡縣）的鄉土料理。

鶏肉と、人参・牛蒡（ごぼう）・蓮根（れんこん）といった根菜類を炒めてから煮た料理。本来は、筑前地方（福岡県）の郷土料理だった。

燉海帶芽竹筍
若竹煮・*wakatake-ni*

將春筍（竹の子，*takenoko*）與海帶芽（若布，*wakame*）分別烹煮後放在一起的燉煮料理，一般會佐以日語稱為「木の芽」的山椒嫩葉（77 頁）。

春が旬の竹の子（筍）と若布（わかめ）を炊き合わせた料理。木の芽（77頁）と呼ばれる山椒の新芽を添える。

天婦羅
<ruby>天<rt>てん</rt></ruby>ぷら・*tempura*

將麵粉、水和蛋液拌勻，調成麵糊，再將食材裹上麵糊後油炸而成的料理。名稱由來眾說紛紜，一般認為源自葡萄牙語中意指調味料的「tempero」一詞。

水溶きした小麦粉と溶き卵を合わせた衣に、食材をつけて揚げる料理法。語源は諸説あり、ポルトガル語で調味料を意味する tempero から来たとされる。

乾粉炸
<ruby>唐<rt>から</rt></ruby><ruby>揚<rt>あ</rt></ruby>げ・*kara-age*

將食材沾抹太白粉或麵粉後油炸的烹調方式，其中最受歡迎的就數以雞肉為食材的「唐揚雞塊」。而不沾粉直接油炸的烹調方式日語稱為「素揚げ（*suage*）」。

食材に片栗粉もしくは小麦粉をつけて揚げる料理法。鶏肉を用いる「鶏の唐揚げ」が最も好まれる。粉をつけない揚げ方は「素揚げ」という。

吉利炸／西炸

フライ・*furai*

將食材依序沾抹麵粉、蛋液及麵包粉後油炸，是日本模仿西式料理發明的油炸方式。順帶一提，英語的「fry」意指用少量的油炒或炸。

食材に小麦粉、溶き卵、パン粉の順で衣をつけ、揚げる料理法。西洋料理を真似て日本で創作された。ちなみに、英語の fry は少量の油で炒めたり揚げたりする料理法をいう。

竹輪
竹輪 · *chikuwa*

將魚漿塗在細竹籤或金屬串上烤或蒸熟的加工食品。因拔除竹籤後會形成中空的輪狀而得名。

魚の身をすりつぶして練ったものを、細い竹串や金属の串に塗りつけて、焼いたり蒸したりする食品。竹串を抜くと輪状になることからの名前。

魚板
蒲鉾 · *kamaboko*

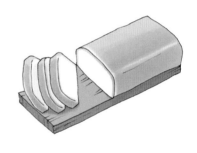

將魚漿放在木板上蒸熟的加工食品。過去與「竹輪」一樣是圓筒狀，因形狀類似香蒲（蒲，*gama*）的花穗或長矛（鉾，*hoko*）而得名。

魚の身をすりつぶして練り、板に盛って蒸した食品。かつては現在の「竹輪」と同じ筒状で、蒲（がま）の穂や、長い柄の先に刃物をつけた鉾（ほこ）に似ていたことからのネーミングとされる。

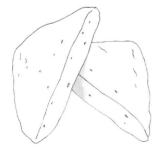

半片

はんぺん · *hampen*

將魚漿和蛋白或山藥混合後蒸熟的加工食品，口感軟嫩。名稱由來眾說紛紜，有一說是由於發明者為名叫半平（*hanbei*）的駿河國（靜岡縣）廚師。

魚のすり身に卵白や山芋を混ぜて蒸した、やわらかい食品。語源には駿河国（静岡県）の料理人・半平（はんべい）が創作したなど諸説ある。

豆渣

おから・*okara* ／卯の花・*unohana*

在豆腐製作過程中過濾剩下的殘渣，或稱豆渣製成的料理。名稱由來眾說紛紜，一般認為日語「おから（*okara*）」是在殘餘物（殼，*kara*）前面加上「御（*o*）」而來；「卯の花（*unohana*）」則是溲疏花的別名，因將豆渣比擬為其白色花朵而得名。

豆腐をつくる過程でできる豆乳の絞りかすを「おから」もしくは「卯の花」といい、これを使った料理も「おから」「卯の花」と呼んでいる。語源には諸説あるが、絞り殻(から)に御を付けて「おから」、ウツギの白い花（別名・卯の花）にたとえて「卯の花」という説などが一般的。

芝麻豆腐拌蔬菜

白和え・*shira-ae*

將豆腐搗碎，加上白芝麻等製成拌料，再混入切成細絲的蔬菜拌勻的料理。拌料若換成黑芝麻，日語則稱為「黑和え（*kuro-ae*）」。

豆腐をすり、白胡麻などと合わせた衣で、野菜の細切りを和えた料理。黒胡麻を合わせたものは「黒和え」という。

什錦豆腐丸
雁擬き‧*gammodoki* ／飛竜頭‧*hiryozu*

將搗碎的豆腐與山藥泥拌勻，再加入切碎的蔬菜後油炸而成的加工食品。日語稱為「雁擬」是將其比擬為雁；而「飛龍頭」則據說是葡萄牙語「filhos」的諧音，原指油炸甜點。

崩した豆腐にすりおろした山芋を混ぜ、細かく刻んだ野菜などを加えて揚げた食品。「雁擬き」は、渡り鳥のガンに似ているという意味のネーミング。「飛竜頭」は、ポルトガルの揚げ菓子filhosにちなむという。

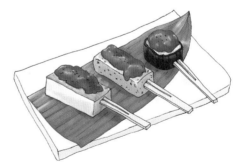

味噌烤豆腐
味噌田楽‧*miso-dengaku*

將豆腐切成長方形，用竹籤串起，塗上調味過的味噌後燒烤而成的料理；亦可將豆腐換成蒟蒻或蔬菜。日語的「田樂」原意是為祈求稻作豐收而獻給神明的舞蹈，據說食材串在竹籤上的樣子類似獻舞的人，因而得名。

豆腐を短冊形に切って竹串に刺し、調味した味噌を塗って焼く料理。こんにゃくや野菜も用いられる。田楽とは、田植えのときに豊作を祈って奉納する踊りで、串に刺した姿が田楽を踊る人に似ていることから付いた名前といわれる。

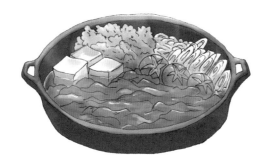

壽喜燒

すき焼き・*sukiyaki*

加入牛肉片與蔬菜,邊煎煮邊吃的火鍋料理。關西習慣分別加入醬油、砂糖等調味料,關東則習慣使用調味過的高湯「割下」來調味。一般會蘸蛋液享用。

薄切り牛肉と野菜類を焼きながら食べる鍋料理。関西では、醤油と砂糖などの調味料を別々に加えて味付けする。関東では、ダシに調味料を加えた「割下(わりした)」を用いる。溶き卵につけて食べるのが一般的。

涮涮鍋

しゃぶしゃぶ・*shabu-shabu*

將高湯煮滾後,放入牛肉片迅速涮過,蘸橘醋(102頁)或芝麻醬享用的火鍋料理。一般也會加入蔬菜、豆腐等食材。日語名稱取自在高湯中涮肉片時的聲音。

ダシを煮立て、薄切り牛肉をさっとくぐらせて、ポン酢(102頁)やゴマダレにつけて食べる鍋料理。野菜、豆腐なども加える。語源は、肉を「しゃぶしゃぶ」とダシの中で泳がすことから。

章魚燒
たこ焼き・*takoyaki*

將章魚切塊放入麵粉加水調成的麵糊中，用專用的鐵板烤成圓球狀的料理，在關西廣受歡迎。會塗上醬汁、撒上柴魚（70頁）和海苔粉享用。

水で溶いた小麦粉の生地に蛸の切り身を入れ、専用の鉄板で球状に丸めながら焼いた関西の人気料理。ソースと鰹節（70頁）や青海苔をかける。

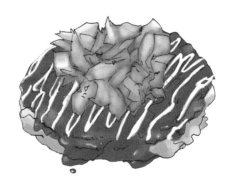

御好燒
お好み焼き・*okonomiyaki*

在麵粉加水調成的麵糊中隨個人喜好加入海鮮、肉、蔬菜等食材，拌勻後在鐵板上煎成圓餅狀的料理，在關西廣受歡迎。各地的御好燒各有特色，例如在廣島會加入油麵（41頁）一起煎。

水で溶いた小麦粉の生地に魚介類・肉・野菜など好みの具材を混ぜ合わせ、鉄板で円形に焼いた関西の人気料理。広島では中華めん（41頁）といっしょに焼くなど、地方色がある。

玉子燒

だし巻き玉子・*dashimaki-tamago* ／玉子燒き・*tamagoyaki*

將蛋液與高湯拌勻後,用玉子燒煎鍋(129頁)將蛋皮邊捲邊煎做成的料理。而「玉子燒」特指不使用高湯,依個人喜好調味者。

溶き卵にダシを混ぜて、卵焼き器(129頁)を用いて巻き重ねながら焼いた料理。ダシを使わず、調味料で好みの味をつけて焼いたものは「玉子焼き」という。

蒲燒鰻魚／白燒鰻魚

鰻の蒲燒・*unagi no kabayaki*
鰻の白燒・*unagi no shirayaki*

「蒲燒鰻魚」是將鰻魚剖開後,插入數支竹籤,塗上以醬油為底的甜味醬汁烘烤而成的料理。在關西一般會先將鰻魚蒸熟後再烤。「白燒鰻魚」則是不塗醬汁直接烤的鰻魚,食用時才蘸醬油。一般說到「蒲燒」都是指烤鰻魚,名稱由來眾說紛紜。

「鰻の蒲焼」は鰻を開いて数本の串に刺し、醤油ベースの甘ダレをつけながら焼いた料理。関西では、鰻を蒸してから焼くことが多い。「鰻の白焼」はタレをつけずに焼いたもので、醤油をつけながら食べる。「蒲焼」といえば鰻のそれを指すが、語源には諸説ある。

親子蓋飯
親子丼・*oyako-domburi*

以高湯烹煮雞肉，淋上蛋液凝固後，覆蓋在碗公裡的白飯上的料理。名稱由來是將雞肉與蛋視為親子；假如使用豬肉製作，日語則稱為「他人丼（*tanin-donburi*）」。

鶏肉をダシで煮て卵でとじ、どんぶりに盛ったご飯の上にそれをかけた料理。鶏と卵を、親と子どもに見立てた名前で、豚肉を用いた場合は「他人丼」という。

什錦魚板蓋飯
木の葉丼・*konoha-domburi*

將切成薄片的魚板（32頁）與蔥等蔬菜一起煮，淋上蛋液凝固後，覆蓋在碗公裡的白飯上的料理。發祥於關西，碗中的魚板就好比飛舞的樹葉，因而得名。

薄切りの蒲鉾（かまぼこ・32頁）とネギなどの野菜を煮て卵でとじ、どんぶりに盛ったご飯の上にそれをかけた料理。関西発祥の料理で、蒲鉾を舞い散る木の葉に見立てたネーミング。

土瓶蒸

土瓶蒸し・*dobin-mushi*

將松茸、狼牙鱔等食材及日式清湯放入土瓶中，連容器一起蒸煮的秋季高級料理。品嘗時將湯汁倒入與土瓶成套的杯中，並擠入醋橘汁（80頁）。

松茸と鱧（はも）などと澄まし汁を土瓶に入れ、土瓶ごと蒸す、秋の高級料理。土瓶とセットの猪口に汁を注ぎ、すだち（80頁）を絞って飲む。

茶碗蒸

茶碗蒸し・*chawan-mushi*

將海鮮、雞肉、鴨兒芹等食材與混合高湯的蛋液裝入小型茶碗後蒸熟的料理。在關西的日式餐廳是必備菜色，但據說起源於長崎縣。

魚介類や鶏肉、三つ葉などの具材と、卵を加えたダシを小さな茶碗に入れて蒸した料理。関西の料理店の定番メニューだが、発祥は長崎県とされる。

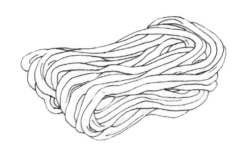

烏龍麵

うどん・*udon*

麵粉加水、鹽揉製後擀開，再切成條狀的麵。一般在煮熟後會放入熱高湯中，加入肉類、蔬菜、蛋或天婦羅等食用。夏季也會販售冰涼的烏龍冷麵。

小麦粉に水と塩を加えてこね、延ばして線状に切った麺。温かいつゆに入れ、肉や野菜、卵や天ぷらを加えて食べるのが一般的。夏には冷たいうどんメニューもある。

麵線

そうめん・*somen*

麵粉加水、鹽揉製成團後塗上油，再拉成細長狀風乾的白色細麵，主要在夏季食用。另有種比麵線稍粗的麵，稱為「冷麥」，但製法和麵線不同。

小麦粉に水、塩を加えてこねた生地に油を塗ってから、細く引き延ばして乾燥させた白く細い麺。主に夏に食べられる。そうめんより少し太い麺を「冷や麦」というが、そうめんとは製法が異なる。

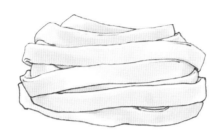

碁子麺

きしめん · *kishimen*

扁平的寬烏龍麵，在名古屋被稱為「碁子麵」。名稱由來眾說紛紜，有一說認為源自這種麵最早是用竹筒將擀開的麵團壓成圍棋棋子（碁子，*kishi*）的形狀製成。在群馬縣則稱為「紐革（ひもかわ，*himokawa*）」。

平打ちにしたうどんを、名古屋では「きしめん」という。語源は諸説あり、竹筒を使って碁子（きし・碁石のこと）の形に抜いてつくったのが原型という説もある。群馬県では「ひもかわ」と呼ばれている。

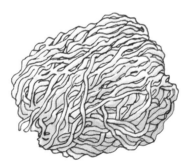

油麵

ちゅう か
中華めん · *chukamen*

在麵粉中加入鹼水（添加碳酸鈉或碳酸鉀等鹼性食品添加物的水）揉製的麵，一般用於製作拉麵、中式拉麵、日式炒麵等料理。

小麦粉を、かんすい（食品添加物として認められている炭酸ナトリウム、炭酸カリウムなどのアルカリ性物質を加えた水）でこねてつくる麺。ラーメン、中華そば、焼きそばなどに用いられる。

麵食

和食

___1___

蕎麥麵

蕎麦・*soba*

將蕎麥磨成粉，加入水、麵粉等增加黏性後揉製、擀開，切成條狀的麵。將蕎麥去殼磨製後做成的蕎麥麵，顏色會與帶殼蕎麥製成的不同。

ソバの実を挽いた粉に水と小麦粉などのつなぎを加えてこねて延ばし、線状に切った麺。蕎麦殻を取り除いてから挽いた蕎麦と、殻ごと挽いた蕎麦で、色が異なる。

蕎麥涼麵

せいろ蕎麦・*seiro soba* ／ざる蕎麦・*zaru soba*

將煮熟後的蕎麥麵用冰水冷卻後製成的涼麵，稱為「蒸籠蕎麥麵」或「竹籬蕎麥麵」。名稱由來是因為江戶時代使用「蒸籠（せいろ，*seiro*）」蒸麵，或燙麵時用「竹籬（ざる，*zaru*）」盛裝。

熱湯で茹で上げ冷水でしめた蕎麦メニューを「せいろ」もしくは「ざる」という。江戸時代に蒸籠(せいろ)で蒸していたなごりで「せいろ」に盛り付けたり、茹でる際に用いる「ざる」に盛ったりすることからの名前。

3

蕎麥豬口杯

蕎麦猪口・*soba-choko*

盛裝麵露的小型容器。日語的「猪口」（*choko*）（119頁）原是飲酒使用的酒杯。

蕎麦を浸すためのつゆを入れる、小さな器。猪口（119頁）は本来、酒を飲むときの器をいう。

4

辛香佐料

薬味・*yakumi*

搭配料理，用於增加風味、促進食欲的辛味蔬菜與辛香料。蕎麥涼麵一般會搭配蔥花與山葵（76頁）。

料理に添えて、風味や食欲を増したりする香味野菜と香辛料。冷たい蕎麦には葱と山葵（わさび・76頁）が一般的。

5

蕎麥湯壺

湯桶・*yuto*

盛裝蕎麥麵煮麵水「蕎麥湯」的漆器。吃完蕎麥麵後，可將蕎麥湯加入剩餘的麵露中飲用。

蕎麦の茹で汁「蕎麦湯」を入れる漆塗りの器。蕎麦を食べたあと、残ったつゆに蕎麦湯を加えて飲む。

炸豆皮麵

きつね · *kitsune*
たぬき · *tanuki*［大阪］

佐以滷炸豆皮的蕎麥麵／烏龍麵，稱為「狐狸麵（きつね，*kitsune*）」。不過在大阪，加了滷炸豆皮的烏龍麵稱為「狐狸麵」，蕎麥麵則稱為「狸貓麵（たぬき，*tanuki*）」。而炸豆皮之所以別稱為「きつね（音同「狐狸」）」，是因為傳說狐狸喜歡吃炸豆皮。

甘辛く煮た油揚げがのった蕎麦・うどんを「きつね」という。大阪では、油揚げがのったうどんを「きつね」、蕎麦は「たぬき」と区別する。「きつね」は油揚げを意味し、狐（きつね）の好物とされていたことに由来する。

天婦羅花麵

たぬき · *tanuki*［関東］
はいから · *haikara*［関西］

佐以天婦羅花（炸天婦羅時產生的麵屑）的蕎麥麵／烏龍麵，在關東稱為「狸貓麵（たぬき，*tanuki*）」，在大阪和京都則稱為「はいから（*haikara*）」。另外，京都的「狸貓麵」指的是湯汁勾芡的炸豆皮烏龍麵。

天ぷらを揚げたときにできる天かす（揚げ玉）がのった蕎麦・うどんを関東では「たぬき」といい、大阪・京都では「はいから」という。また、京都の「たぬき」は、きつねうどんのダシをあんかけにしたものになる。

生蛋麵

月見・*tsukimi*

佐以生蛋的蕎麥麵／烏龍麵。名稱由來正如「月見」字面上的賞月之意，將蛋黃比喻為月亮。

生卵が入った蕎麦・うどん。「月見（月を見る）」の文字通り、卵の黄身を月に見立てたネーミング。

山藥泥麵

山かけ・*yamakake*／とろろ・*tororo*

佐以山藥泥的蕎麥麵／烏龍麵。「山かけ」是「山芋掛け（*yamaimokake*）」的簡稱，意指蓋上山藥泥；而「とろろ」的名稱由來，是因為日語以「トロっと（*torotto*）」形容黏滑的口感。山藥也有「とろろ芋（*tororo-imo*）」的別名。

山芋や長芋のすりおろしをのせた蕎麦・うどん。「山かけ」は「山芋掛け」の略称。「とろろ」は、トロっとした粘りのある食感から付いた名前。山芋や長芋のことも「とろろ芋」と呼ぶ。

壽司

日本古時為保存魚類，會利用米飯使其自然發酵，稱為「酸し（*sushi*）」。現在主要指醋飯上方擺著新鮮魚類的握壽司。

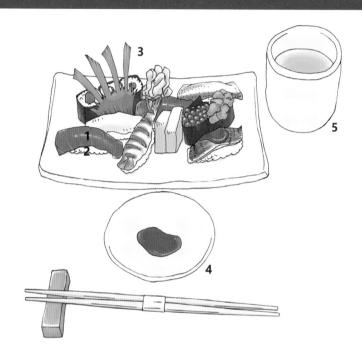

1

壽司料　タネ・*tane*／ネタ・*neta*

擺在壽司上的魚貝類等食材，亦即「壽司種（寿司種，*sushidane*）」。別名「ネタ（*neta*）」是將「タネ（*tane*）」倒過來唸，原為業界術語（暗語），現已廣為大眾使用。

寿司にのせる魚介などの材料＝寿司種のこと。ネタはタネの逆読みで、業界内で使われる言葉（隠語）だったが、現在は一般化している。

2

醋飯　しゃり・*shari*

白飯，特指壽司飯，一般為加了醋的白飯。日語名稱源於將珍貴的米粒比喻為釋迦牟尼佛的遺骨「佛舍利」。

白いご飯のこと。特に寿司飯に使う。寿司飯は酢を加えた白飯が一般的。大切な米粒を釈迦の遺骨「仏舎利（ぶっしゃり）」にたとえたネーミング。

寿司・*sushi*

古くは魚を保存するためにご飯で自然発酵させたものを「酸し」といった。
今では新鮮な魚をのせたにぎり寿司が代名詞になっている。

3

隔片

ばらん・*baran*

製作壽司或便當時使用的隔片。為避免食材的味道互相沾染，因此放在食材之間分隔。現今多為塑膠製。一般認為起源於過去使用一葉蘭（ハラン，*baran*）的葉片作為隔片。

寿司や弁当に用いられる仕切り。香りや味が移らないように、料理と料理の間に置く。現在はプラスチック製が主流。本来はハランの葉でつくられたため、「ハラン」が語源とされている。

4

醬油碟

手塩皿・*teshio-zara*／おてしょう・*otesho*

用來盛裝醬油的小淺碟。原意為裝鹽的碟子，日本古時會擺一小碟鹽在菜餚旁，以驅除餐食中的不淨之物。

醤油を入れる小さくて浅い皿のこと。本来、食膳の不浄を払うために置いた、塩を盛った皿のことをいう。

5

茶

上がり・*agari*

「上がり花（*agaribana*）」的簡稱，意指剛泡好的茶。古時是花街用語，「上がり」指茶，「花」則是「端（*hana*）」的諧音，意思是一開始。另有一說是由於日語中以研磨茶葉（お茶を挽く）形容乏人問津，因此娼妓會刻意避開「茶」這個字眼，使用象徵客人上門的「上がり」來指稱茶。

お茶のこと。淹れたてのお茶を意味する「上がり花」の略。昔、遊郭で使われていた言葉で、「上がり」はお茶、「花」は端（はな）＝最初を意味する。客がつかず暇をもてあましていることを「お茶を挽く」というため、「お茶」を嫌い、客が登楼する意味の「上がり」と言い換えたともいわれる。

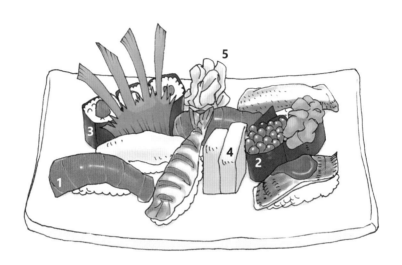

握壽司

にぎり寿司・*nigiri-zushi*

用單手將醋飯捏成橢圓形，再擺上壽司料（46 頁）的料理。而「にぎり飯（*nigiri-meshi*）」通常指把米飯捏成雙手大小的飯糰，即「おにぎり（*onigiri*）」或「おむすび（*omusubi*）」。

酢飯を片手で握って俵状にし、その上にタネ（46頁）をのせたもの。「にぎり飯」というと、通常はご飯を両手の大きさに握った「おにぎり」や「おむすび」のことを指す。

___ 2

軍艦卷

軍艦巻き · *gunkan-maki*

一種壽司。將捏好的醋飯以海苔捲起，再擺上容易散落的壽司料。因為側面看起來形似軍艦而得名。

握った酢飯を海苔で巻き、その上に形がくずれやすいタネをのせた寿司の一種。横から見た姿が軍艦に似ていることからのネーミング。

___ 3

壽司卷

細巻き · *hoso-maki*

一種壽司。將海苔平鋪在捲簾（巻き簾，*makisu*）上，再擺上醋飯，以壽司料為軸心捲起。

巻き簾（まきす・調理用のすだれ）の上に海苔をひろげて酢飯をのせ、タネを芯にして巻いた寿司の一種。

___ 4

玉子燒

玉子 · *tamago* ／玉 · *gyoku*

同前面提到的玉子燒（37 頁）。壽司店的玉子燒會在蛋液裡加入蝦子或白肉魚的魚漿。

玉子焼き（37頁）のこと。寿司店で供される玉子焼きは、海老や白身魚のすり身と卵を混ぜ合わせて焼いたもの。

___ 5

甜薑片

がり · *gari*

用來清口的醋漬甜薑。日語以「ガリっと（*garitto*）」形容清脆的聲響，故取過去人們直接啃咬一整根生薑發出的聲音為名。

口直しのための、甘酢漬けの生姜。語源は、大きな生姜をかつては丸のままガリっとかじったことから。

鮪魚

<ruby>鮪<rt>まぐろ</rt></ruby>・*maguro*

最具代表性的壽司料之一。名稱依部位而異，如中心部分的「赤身（あかみ，
akami）」、上腹部的「大腹（大トロ，*otoro*）」、腹部中下段以及背部的「中腹（中
トロ，*chutoro*）」等。

最も代表的な寿司種の一つ。部位によって名称が異なり、赤身（中心部）、大トロ（腹の上
部）、中トロ（腹の中部と下部、背）などがある。

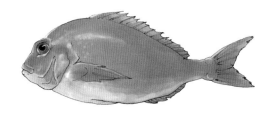

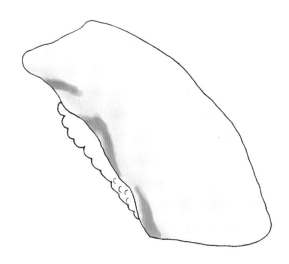

鯛魚
鯛 · *tai*

可在近海捕獲的白肉魚，分為野生與養殖魚。在日本，每逢喜慶場合幾乎都會端出鯛魚的各式料理。魚頭常做成滷鯛魚頭（29 頁）。

近海で獲れる白身魚で、天然ものと養殖ものがある。日本の祝い事に欠かせない魚で、さまざまな料理に使われる。頭は、鯛の兜煮（29頁）などにする。

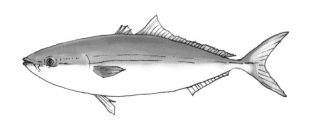

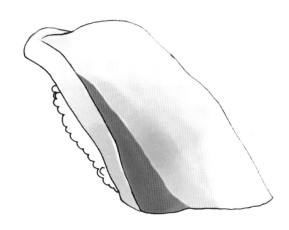

鰤魚

鰤・*buri*

一種油脂豐富的魚，名稱會隨著成長階段而改變。在日本各地的稱呼也有些出入，從幼魚到成魚，通常在關東是「イナダ（*inada*）」→「ワラサ（*warasa*）」→「ブリ（*buri*）」，在關西則是「ハマチ（*hamachi*）」→「メジロ（*mejiro*）」→「ブリ（*buri*）」。最知名的料理是鰤魚燉蘿蔔（29頁）。

脂がのった魚で、成長するに従い名前が変わる。地方によって異なるが、関東ではイナダ→ワラサ→ブリ、関西ではハマチ→メジロ→ブリと呼ばれることが多い。料理では鰤大根（29頁）が有名。

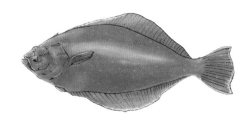

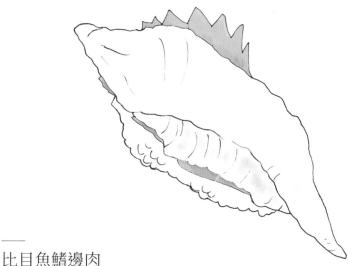

比目魚鰭邊肉

平目のえんがわ・*hirame no engawa*

「えんがわ（*engawa*）」原指日式建築的檐廊，在壽司中指比目魚背鰭或腹鰭旁的肉，因為帶有嚼勁又富含油脂而廣受歡迎。比目魚屬於白肉魚，口味清淡，一般會搭配橘醋（102頁）享用。

えんがわとは「縁側」の意味で、背びれや腹びれの付け根にある活動筋をいう。コリコリした食感で脂がのっているので好まれる。上品な白身の平目は、ポン酢（102頁）で食べることが多い。

竹筴魚

あじ
鯵・*aji*

可在日本各地近海捕獲的小魚，名稱在日語中音同「味道」，據說是因其滋味鮮美而得名。身體表面散發銀白光澤的青皮魚，在日語中稱為「青魚（*ao-zakana*）」、「青背の魚（*aose no sakana*）」或「光り物（*hikarimono*）」，竹筴魚、鯖魚、秋刀魚皆屬此類。

日本各地の近海で獲れる小魚。味が良いので「味（あじ）」と呼んだとされる。鯵（あじ）や鯖（さば）、秋刀魚（さんま）など、体の表面が青光りする魚の類を「青魚」「青背の魚」「光り物（ひかりもの）」と呼ぶ。

秋刀魚

秋刀魚・*samma*

日本秋季最具代表性的魚類，一如其名，外型猶如日本刀。食用時常搭配蝦夷蔥或生薑以去腥。

日本の秋の風物詩でもある魚。文字通り、日本刀のような姿をしている。臭みを消すために、アサツキや生姜を添えることがある。

蝦

海老 · *ebi*

日本是全世界蝦消費量最高的國家，而蝦一直以來都是廣受歡迎的壽司料。此外，日本的蝦品種豐富，有蒸熟食用的蝦，也有可生食的斑節蝦、牡丹蝦、甜蝦等。由於蝦的外型類似蓄著長鬍鬚、彎著腰的老人，因此在日本被視為象徵長壽的吉祥物。

日本は世界一の海老消費国であり、昔から人気の寿司種。蒸した海老から生で食べる車海老、牡丹海老、甘海老まで種類は多い。長いひげを持ち、腰の曲がった姿が老人に似ていることから、長寿を象徴する縁起物でもある。

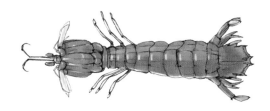

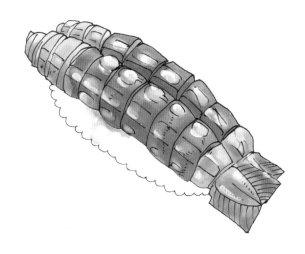

蝦蛄

蝦蛄・*shako*
しゃこ

類似蝦的甲殼類，在關東及瀨戶內海一帶廣受歡迎。生蝦蛄為灰色，但煮熟後會變成類似石楠花（シャクナゲ，*shakunage*）的顏色，因而得名。

海老に似た甲殼類。関東や瀬戸内地方で好まれる。生の蝦蛄は灰色だが、茹でるとシャクナゲの花に似た色になることからのネーミング。

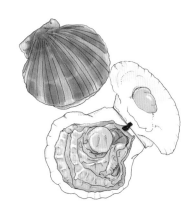

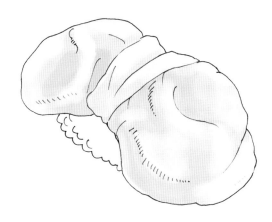

干貝

ほ たて
帆立 · *hotate*

扇貝發達的貝柱，會用來作為壽司料。日語「帆立貝」的名稱由來眾說紛紜，有一說認為貝殼迅速開闔游動的樣子貌似揚帆航行的船，因而得名。

帆立貝の、大きく発達した貝柱の部分を寿司種にする。帆立貝の語源は諸説あるが、殻を激しく開閉して泳ぐ様子が、帆を立てて移動する船に似ていることからという。

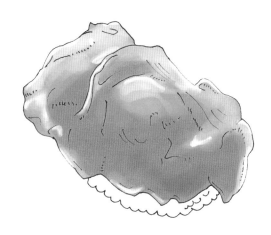

血蛤

赤貝 · *akagai*

一種貝類，特徵為貝肉呈紅色，殼表約有 42 條隆起的放射肋。被稱為「ひも（himo）」的裙邊，常與小黃瓜一起做成名為「ひもきゅう（himokyu）」的壽司卷。

身が朱色であるのが特徴的な貝の一種。貝殻には隆起した筋が、放射線状に42本前後ある。ヒモと呼ばれる部分は、胡瓜と一緒に海苔で巻いて「ひもきゅう」にすることもある。

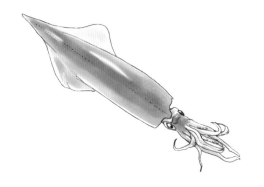

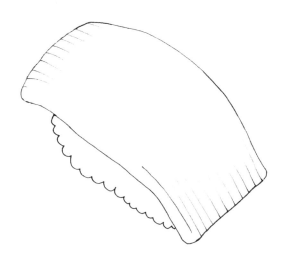

烏賊
烏賊・*ika*

烏賊有許多種類，一般常作為壽司料的包括北魷、軟絲、槍烏賊等。名稱由來眾說紛紜，有一說認為烏賊的模樣很有威嚴（いかめしい，*ikameshii*），因而得名。

烏賊にもいろいろな種類があるが、寿司種としてはスルメイカ、アオリイカ、ヤリイカが一般的。語源は、姿が「いかめしい（厳しい）」ことからなど諸説ある。

章魚
たこ・*tako*

和烏賊一樣有許多種類，一般常作為壽司料的有真章魚（真蛸）、北太平洋巨型章
魚（水蛸）等。在日本，除了壽司之外，章魚也用於其他各式料理，例如廣為人知
的庶民料理章魚燒（36頁）。

烏賊と同様、いろいろな種類があるが、寿司種としてはマダコ、北海タコが一般的。日本
では寿司種以外にもさまざまな料理に使われ、庶民的な料理ではたこ焼き（36頁）が有名。

星鰻
あなご · *anago*

星鰻是鰻魚的一種，因為棲息在沙地的小洞裡，因此日語稱為「穴子」。製成壽司時，會先用醬油或味醂將星鰻煮熟，接著將湯汁煮成濃稠狀後，塗在星鰻上。

穴子はウナギの仲間で、砂地などの狭い穴に住んでいるところからの名前という。寿司では、醤油やみりんで煮た穴子に、煮汁を煮詰めた「詰め」を塗る。

河豚生魚片

てっさ・*tessa*

河豚的生魚片。關西將含有劇毒的河豚比喻為使人一擊斃命的子彈（鉄砲，*teppo*），因此河豚的生魚片（刺身，*sashimi*）日語就稱為「鉄刺（*tessa*）」，河豚皮稱為「鉄皮（*teppi*）」，河豚火鍋（河豚ちり，*fuguchiri*）則稱為「鉄ちり（*tecchiri*）」。在關西，河豚是壽司店必備的菜色。

河豚（ふぐ）の刺身。関西では、猛毒を持った河豚を、当たると死ぬ鉄砲にたとえ、刺身を「鉄刺（てっさ）」、皮を「鉄皮（てっぴ）」、河豚鍋を「鉄ちり（てっちり）」と呼んでいる。関西の寿司店には河豚が欠かせない。

鮭魚卵軍艦卷

イクラ軍艦巻き・*ikura gunkan-maki*

日語的「イクラ（*ikura*）」指的是鹽漬鮭魚卵，為了避免鮭魚卵散落而做成軍艦卷的形式。「イクラ」源自俄語的「ikra」，泛指魚卵。

イクラは鮭の卵を塩漬けにした食品で、卵がこぼれないように軍艦巻きにする。イクラはロシア語が語源で、魚卵全体を指す。

飛魚卵軍艦卷

飛び子軍艦巻き・*tobiko gunkan-maki*

日語的「飛び子（*tobiko*）」指的是鹽漬飛魚卵。飛魚會將胸鰭張開、跳出水面，因此得名。

飛び子は飛び魚（うお）の卵を塩漬けにした食品。飛び魚は、胸びれを広げて水上へ飛び出すことから、そう呼ばれる。

海膽軍艦卷

ウニ軍艦巻き · *uni gunkan-maki*

將海膽剖開，取出其生殖腺食用。和鮭魚卵同為最具代表性的軍艦卷。

イガイガの体を割った内側にある生殖腺を食用にする。イクラとともに、代表的な軍艦巻き。

蟹膏軍艦卷

蟹みそ軍艦巻き · *kani-miso gunkan-maki*

日本有松葉蟹、北海道帝王蟹、毛蟹等螃蟹。蟹殼裡的內臟稱為蟹膏（蟹みそ，*kanimiso*），將之取出製作軍艦卷，有時也會搭配蟹肉。

日本にはズワイガニ、タラバガニ、毛ガニなどがある。甲羅のなかにある内臓を蟹みそといい、軍艦巻きにする。蟹の身を添えたものもある。

鮪魚卷
鉄火巻き‧*tekka-maki*

包鮪魚的壽司卷（49頁）。日語名稱由來眾說紛紜，一說是將紅色的鮪魚肉比喻為燒紅的鐵，也就是「鉄火（*tekka*）」；一說是這道壽司卷在過去又稱為「鉄火場（*tekkaba*）」的賭場很受歡迎的緣故。

鮪の細巻き（49頁）のこと。語源には諸説あり、鮪の身の色を赤く燃えた鉄「鉄火」に見立てたから、もしくは昔の博打場（鉄火場）で好まれたからという説もある。

小黃瓜卷
かっぱ巻き‧*kappa-maki*

包小黃瓜的壽司卷。所謂的「かっぱ（*kappa*）」即是河童，為日本傳說中的動物，背上有龜殼，具鳥喙般的尖嘴，頭上頂著一個盛有水的碟子。據說河童非常喜歡小黃瓜，因此將小黃瓜卷以之為名。

胡瓜の細巻きのこと。「かっぱ」とは、くちばしと甲羅を持ち、頭上に水をたたえた皿をのせる日本古来の想像状の動物。胡瓜がかっぱの好物であったとされることからのネーミング。

—

粗壽司卷
ふ と ま
太巻き · *futo-maki*

以海苔包裹醋飯與食材，捲得較粗的壽司卷。一般常用的食材有星鰻、玉子燒、滷瓠瓜乾（干瓢）、香菇、小黃瓜及蝦子等。

海苔で酢飯と具材を包み、太めに巻いた寿司の一種。一般的な具材は、穴子、玉子、甘辛く煮たかんぴょう（ユウガオの果肉からつくる紐状の乾物）、椎茸、胡瓜、海老など。

—

手卷
て ま   ず し
手巻き寿司 · *temaki-zushi*

不使用捲簾，將海苔包著食材捲成大小單手可握的壽司。在日本家庭的餐桌上，每個人會各自拿著海苔，選擇喜歡的配料捲起享用。

巻き簾を使わず、手で持てる大きさに海苔でひと巻きした寿司の一種。家庭では、めいめいが海苔を持ち、好みの材料を選んで巻く。

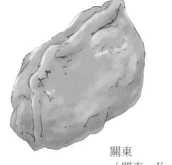

關西
（関西・*Kansai*）

關東
（関東・*Kanto*）

豆皮壽司
稲荷寿司・*inari-zushi*

將炸豆皮用醬油和砂糖煮過後，塞入醋飯製成的壽司。傳說稻荷神的使者——狐狸
非常喜歡這種食物，因此有「稻荷（*inari*）」和「狐（*kitsune*）」的日語別稱。

醤油や砂糖で甘辛く煮た油揚げのなかに、酢飯を詰めた寿司の一種。油揚げは、稲荷神
（いなりのかみ）の使いである狐の好物とされ、「いなり」や「きつね」と呼ばれる。

押壽司
押し寿司・*oshi-zushi*

將醋飯和食材疊在木桶裡，上方以重石加壓的壽司。一般使用鮭魚或鯖魚作為壽司
料（46頁）。以柿葉包裹的「柿葉壽司」也是押壽司的一種。

樽（たる）や桶などに酢飯と具材を重ね、おもしなどで上から圧（お）した寿司の一種。タ
ネ（46頁）は鮭や鯖が一般的。柿の葉で包んだ柿の葉寿司も押し寿司の一つ。

關東散壽司

ちらし寿司・*chirashi-zushi*［関東］

將握壽司用的新鮮壽司料及玉子燒整齊地擺在醋飯上的料理。吃的時候夾起壽司料蘸醬油享用。

にぎり寿司にする新鮮なタネや玉子を、酢飯の上にきれいに並べたもの。タネを醤油につけながら食べる。

關西散壽司

ちらし寿司・*chirashi-zushi*［関西］

將蛋絲、熟蝦、滷香菇或胡蘿蔔等調味過的壽司料擺在醋飯上的料理。

錦糸玉子（細く切った薄焼き玉子）、茹でた海老、甘辛く煮た椎茸や人参など、味付けをしたタネを酢飯の上に盛り付けたものをいう。

和食的滋味取決於高湯。一般是用柴魚或昆布熬煮，有些人也會使用浸泡小魚乾或乾香菇的水作為高湯。

柴魚

鰹節・*katsuobushi*

鰹魚乾。製作高湯時，將其削成薄片，再放入滾水中熬取精華。柴魚是將鰹魚肉切下後熬煮，再以煙燻烘乾，反覆使其在室內發酵、在陽光下曝曬後製成。而削至如花瓣般輕薄的柴魚片，稱為「花鰹」，可作為各式料理的佐料。

鰹の身を干し固めたもの。これを削って、熱湯で煮出してダシをとる。鰹節は、三枚におろした鰹の身を、よく煮てから燻製にして、室（むろ）でのカビつけと天日干しを繰り返して仕上げる。鰹節を花びらのように薄く削ったものを「花鰹」といい、トッピングとしても利用する。

昆布

昆布・*kombu*

曬乾後的海帶。製作高湯時，先剪成適當的大小，放入水中加熱，在沸騰前撈起。日本料理店使用的高湯通常是用昆布與柴魚熬成的。昆布的主要產地為北海道，有真昆布、羅臼昆布、利尻昆布、日高昆布等不同種類，各具風味。

昆布を天日干しにしたもの。必要な大きさに切って水に入れ、沸騰する前に取り出す。日本料理店で使うダシは昆布と鰹節でとったものが一般的。北海道が主な産地で、真昆布、羅臼昆布、利尻昆布、日高昆布などの種類があり、それぞれに風味が異なる。

ダシの材料 · *dashi no zairyo*

和食の味を決めるのはダシ。鰹節や昆布でとるのが一般的だが、魚の煮干しや干し椎茸の戻し汁なども使う。

小魚乾
鰯の煮干し · *iwashi no niboshi*

將沙丁魚煮熟後曬乾製成的小魚乾。一般使用日本鯷，但有時也會以竹筴魚或飛魚等的幼魚作為原料。用飛魚小魚乾熬製的高湯，叫做「あごだし（*ago-dashi*）」。

鰯を煮熟してから天日干ししたもの。カタクチイワシが代表的だが、鯵（あじ）や飛び魚（うお）などの小魚も原料とされる。飛び魚の煮干しでとったダシは「あごだし」と呼ばれる。

乾香菇
干し椎茸 · *hoshi-shiitake*

將肉厚的冬菇烘乾製成。乾香菇放進水裡泡開後，再將香菇水加入高湯；泡開的香菇也會作為料理的食材使用。

「どんこ」と呼ばれる肉厚の椎茸を乾燥させたもの。それを水に入れて戻した後の汁をダシに加える。戻した椎茸自身も料理の食材となる。

辛味蔬菜與辛香料

日本料理在盛盤完成時，會佐上辛味蔬菜或辛香料，增添香氣與色彩。兩者可合稱「辛香佐料」。

生魚片的配料
（刺身のあしらい · *sashimi no ashirai*）

醋漬料理的配料
（酢の物のあしらい · *sunomono no ashirai*）

香味野菜と香辛料 · *komi-yasai to koshinryo*

日本料理は盛り付けの仕上げとして、香味野菜や香辛料をあしらって香り
や色を添える。両方をあわせて「薬味（やくみ）」ともいう。

___
1

妻

つま · *tsuma*

搭配生魚片的辛味蔬菜。「つま」意為「妻子」。

刺身に添える香味野菜を指す。つまは「妻」の意味とされる。

___
2

劍

けん · *ken*

搭配生魚片的蔬菜絲。一般為白蘿蔔，亦可使用小黃瓜或茗荷（76 頁）。「けん」
意為「劍」。

刺身に添える千切りにした野菜を指す。大根が一般的で、ほかに胡瓜や茗荷（みょう
が・76頁）も用いられる。けんは「剣」の意味とされる。

___
3

辛香料

辛み · *karami*

指山葵（76 頁）或生薑等辛香料。有時會包含在「妻」中。

山葵（わさび・76頁）や生姜などの香辛料。「つま」に含めることもある。

___
4

天盛

天盛り · *temmori*

指裝飾在堆疊成山形的燉煮料理或醋漬料理上方的辛味蔬菜。用以表示這道料理沒
有人動過，是一種對客人的貼心。

煮物や酢の物を山形に盛り付けた上にそっとのせた香味野菜を指す。これは、まだ誰もこ
の料理に手をつけていないことを示す、客人への心配りにもなっている。

湯品的配料
（椀物のあしらい・*wanmono no ashirai*）

——— 1
吸口
ᵗᵘⁱᵏᵘᶜʰⁱ
吸口 · *suikuchi*

湯品盛裝完畢後，放在最上方、用於增添香氣與色彩的配料，如香橙（80-81 頁）或山椒嫩葉（77 頁）等。

盛り付けの最後にのせて、香りと彩りを添える、柚子（80-81頁）や木の芽（77頁）などのこと。

——— 2
湯料
わんだね
椀種 · *wandane*

指湯品裡主要的食材。

椀物のメインの食材をいう。

——— 3
湯妻
わん
椀づま · *wanzuma*

指添加於湯品裡的當季蔬菜。「づま（*zuma*）」是濁音化的「つま（*tsuma*）」，意為「妻子」。

椀種に添える季節の野菜類などを指す。「つま」は妻の意味という。

——— 4
湯底
すいじ
吸地 · *suiji*

指湯品的湯底。大多為日式清湯（澄まし汁，*sumashi-jiru*），亦即用柴魚及昆布熬煮、調味清淡的湯頭。

椀物の汁を指す。澄まし汁（鰹節と昆布でとったダシに薄く味付けした汁）が多い。

山葵

山葵・*wasabi*

十字花科植物山葵的根莖，磨成泥後作為辛香料使用。具有獨特的香氣與辛辣，是享用壽司、生魚片、蕎麥麵時不可或缺的佐料。

アブラナ科の植物ワサビの根茎。すりおろして香辛料として用いる。独特の高い香気と辛味を持ち、寿司、刺身、蕎麦などに欠かせない。

薑

生姜・*shoga*

薑科多年生草本植物薑的根莖。可磨泥、切末、切絲，搭配魚類料理或麵線（40頁）享用。具去腥功效，因此特別適合青皮魚。在壽司店常見的是甜薑片（49頁）。

ショウガ科の多年草の根茎。すりおろしたり（おろし生姜）、細かく刻んだり（刻み生姜）、千切りにしたり（針生姜）して、魚料理やそうめん（40頁）などに添える。生臭さを消す働きがあるので、特に青魚に適している。寿司屋では「がり」（49頁）としておなじみ。

茗荷

茗荷・*myoga*

薑科的多年生草本植物。將開花前的花苞切絲或切成圓片，用於夏季料理。名稱由來眾說紛紜，一說是日本過去因其香味濃郁而稱之為「芽香（*mega*）」，後來轉化為「茗荷」。

ショウガ科の多年草。開花する前のつぼみ（花穂）の部分を千切りや輪切りにして、夏の料理に用いる。語源は諸説あるが、古くはその薫り高さから「芽香（めが）」と呼ばれ、転化したとされる。

山椒嫩葉
木の芽・*kinome*

芸香科常綠灌木山椒的嫩葉。常作為春季湯品的
「吸口」（75 頁）或「天盛」（73 頁），使用時
會先輕敲，使其散發香氣。山椒果實亦可食用。

ミカン科の低木サンショウ（山椒）の若芽をいう。春
の椀物の吸口（75頁）、天盛り（73頁）に欠かせない
存在。軽くたたき、香りを立たせてからのせる。実も
食用として使う。

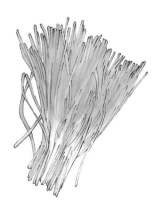

蔥芽
芽葱・*menegi*

蔥的嫩芽。將蔥密集播種，發芽後立刻採收。

ネギの若芽。ネギの種を密播きにし、芽吹いた直後に
収穫する。

防風
防風・*bofu*

屬繖形科的多年生草本植物，為野生於海邊沙地
的「濱防風」之馴化作物。常作為正月或初春料
理的佐料。

セリ科の多年草で、海辺の砂地に自生する「浜防風」
の栽培種。正月や春先の一品に添えられる。

青紫蘇

大葉 · *oba* ／青紫蘇 · *ao-jiso*

唇形科植物紫蘇的芽、花、葉、穗、果實都可作為辛味蔬菜食用。分為青紫蘇與紅紫蘇，青紫蘇的葉片又稱為「大葉」，紅紫蘇的葉片則常用於醃漬梅乾。

シソ科植物の紫蘇（しそ）は芽・花・葉・穂・実のすべてが香味野菜になる。青紫蘇と赤紫蘇があり、青紫蘇の葉が大葉と呼ばれる。赤紫蘇の葉は梅干しづくりに用いられる。

紫蘇穗

穗紫蘇 · *ho-jiso*

未結實的紫蘇穗。除了作為搭配生魚片的「妻」（73頁）外，也可以做成天婦羅、醋漬或鹽漬料理。

紫蘇の若い穂。刺身のつま（73頁）だけでなく、天ぷらや酢の物、塩漬けなどにもする。

紫蘇花穗

花穗紫蘇 · *hanaho-jiso*

剛開花的紫蘇穗。作為搭配生魚片的「妻」時，有時會將花朵摘下放進醬油裡。

咲きかけの花をつけた紫蘇の穂。刺身のつまとして盛られている場合、穂から花をしごいて醤油に落とすこともある。

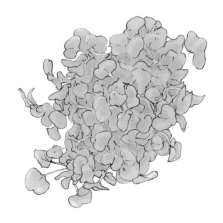

青紫蘇芽
あお め
青芽 · *aome*

青紫蘇的嫩芽。可作為搭配生魚片的「妻」、湯品的「吸口」（75 頁）等。

青紫蘇の芽。刺身のつま、椀物の吸口（75頁）などに用いる。

紅紫蘇芽
むら め
紫芽 · *murame*

紅紫蘇的嫩芽。和青紫蘇芽一樣，可作為搭配生魚片的「妻」或湯品的「吸口」等。

赤紫蘇の芽。青芽と同様、刺身のつまや、椀物の吸口などに用いる。

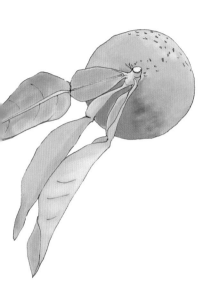

青香橙

青柚子 · *ao-yuzu* ／青柚 · *aoyu*

香橙，柑橘類的一種。除了果汁之外，也可以把
皮磨成泥或削成薄片，作為湯品的「吸口」（75
頁）或「天盛」（73頁）。

柑橘類の一つ、柚子。果汁はもちろん、皮をすりおろ
したり、へぎ取ったりして、椀物の吸口（75頁）や天
盛り（73頁）として用いる。

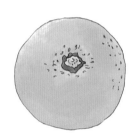

臭橙

かぼす · *kabosu*

柑橘類的一種，為大分縣特產。果汁酸味重，具
有獨特風味。

柑橘類の一つで大分県の特産品。果汁は酸味が強
く、独特の風味がある。

醋橘

すだち · *sudachi*

比香橙和臭橙更小的柑橘類，為德島縣特產。一
般會將果汁擠在烤魚或油炸料理上。

柚子、かぼすより小ぶりな柑橘類。徳島県の特産品。
焼き魚や揚げ物などに絞って用いる。

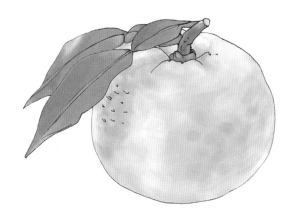

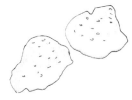

香橙皮
（へぎ柚子 · *hegi-yuzu*）

香橙皮絲
（刻み柚子 · *kizami-yuzu*）

松葉香橙皮
（松葉柚子 · *matsuba-yuzu*）

香橙
黄柚子 · *ki-yuzu*

青香橙在秋季成熟後顏色轉黃成為香橙。除了果汁之外，也可以將皮削成薄片、切絲或刻成裝飾用的松葉香橙皮等使用。而將香橙剖半，取出果實，再填入食材製成的料理，稱為「柚子釜」。

青柚子が秋に熟して黄色くなったもの。果汁はもちろん、皮をへぎ取ったり（へぎ柚子）、刻んだり（刻み柚子）、飾り切り（松葉柚子ほか）にして用いる。半分に割って果実を取り出し、なかに具材を詰めた「柚子釜」という料理がある。

山野菜

可供食用的野生草本植物，一般是在初春時採摘新生的嫩芽。日本全國各地都有獨特的山野菜。

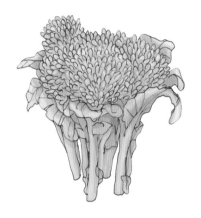

油菜花

菜の花・*nanohana* ／花菜・*hanana*

指油菜或油菜花。花苞可汆燙或做成涼拌料理。而種子榨取出的菜籽油可作為食用油，但古時也作為燈油使用，榨取後的殘渣還可作為肥料。

アブラナ、もしくはアブラナの花の別名。つぼみの部分をお浸しや和え物にする。種から採った菜種油は食用になるが、昔は灯火などに使われ、搾りかすは肥料にされた。

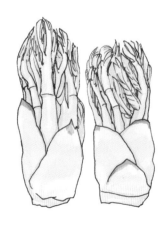

楤木芽

たらの芽・*taranome*

高達 4 ～ 5m 的楤木樹枝上冒出的新芽。最常用來製作天婦羅。據說將芽摘下後，旁邊還會再長出新芽，但若摘下後來長出的芽，樹枝就會枯死。

高さ 4 ～ 5m になるタラノキの枝先に芽吹く新芽。天ぷらが定番。一度芽を摘んでもその横からまた芽が出るが、これを摘むと枝が枯れるといわれる。

山菜・*sansai*

山野に自生する食用植物のこと。早春に芽吹いたところをいただく。全国各地に、日本特有の山菜がある。

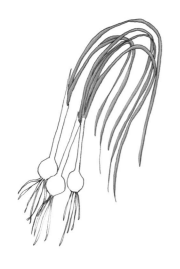

薤白

野蒜・*nobiru*

屬石蒜科的多年生草本植物。日語的「蒜（*hiru*）」為蔥類的統稱，而薤白由於生長地靠近人類生活的地方，因此自古被當作蔥的替代品。鱗莖部分可生食或汆燙後蘸味噌食用。

ヒガンバナ科の多年草。蒜（ひる）は葱類の総称で、野蒜は人里近くに生えるため、昔から葱の代用とされてきた。鱗茎（りんけい）部分を生のまま、もしくは茹でてから味噌をつけて食べる。

萱草

萱草・*kanzo*

百合科植物萱草的嫩芽。具有淡淡的苦味與甜味，一般汆燙後食用，或與螢烏賊等海鮮一起做成醋味噌涼拌。萱草的花即為金針花，在日語中將橘黃色稱為「萱草色（*kanzo-iro*）」。

ユリ科の花萱草の若芽。ほのかな苦味と甘みがある。さっと茹でて、お浸しにしたり、ホタルイカなどの魚介類と酢味噌和えにしたりする。花は黄味がかった橙（だいだい）色で、「萱草色」という色の名前になっている。

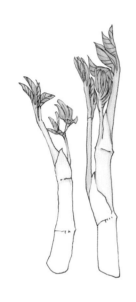

食用土當歸
山独活 · *yama-udo*
<ruby>山<rt>やま</rt>独<rt>う</rt>活<rt>ど</rt></ruby>

食用土當歸是一種可長至 2m 的五加科多年生草本植物，野生的土當歸在日語中稱為「山獨活」。新芽和嫩葉可做成天婦羅或燉煮料理，根莖可以蘸醋味噌生食，或削皮後做成金平※。

※ 譯注：將食材切絲後以砂糖和醬油拌炒的料理。

独活は高さ 2m にもなるウコギ科の多年草で、自生するものは特に「山独活」と呼んでいる。新芽と若葉は天ぷらや煮物にし、根茎は生のまま酢味噌で食べたり、むいた皮をきんぴらにする。

筆頭菜
土筆 · *tsukushi*
<ruby>土<rt>つく</rt>筆<rt>し</rt></ruby>

初春新生的筆頭菜孢子囊莖。日本古時稱為「つくづくし（*tsukuzukushi*）」，因為形似筆，因此以漢字「土筆」表示。一般以汆燙或熱炒方式烹煮。

早春に生えるスギナの胞子茎。昔は「つくづくし」といった。筆の形に似ていることから「土筆」の漢字を当てる。お浸しや炒め物にする。

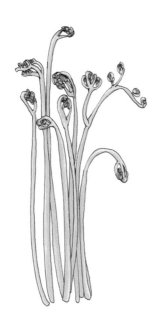

蕨菜
蕨・*warabi*

一種羊齒植物，日語稱其嫩芽為「早蕨
（*sawarabi*）」，被視為珍貴的食材。將根
部的澱粉質乾燥後製成的「蕨粉」，是古時
製作蕨餅的原料。

シダ植物で、若芽を「早蕨（さわらび）」といっ
て珍重する。昔は根茎から取り出したデンプ
ンを乾燥させて「わらび粉」をつくり、わらび
餅の原料にした。

紫萁
薇・*zemmai*

生長在潮溼地帶的羊齒植物。可食用的嫩芽
呈捲曲的漩渦狀。而發條彈簧因形似紫萁，
在日語中也稱為「ぜんまい（*zemmai*）」。

水気の多いところに生えるシダ植物。食用と
なる若芽はきれいな渦巻状になっている。そ
の形から、弾力性に富むバネのことを日本では
「ぜんまい」と呼ぶ。

和菓子

日本特有的傳統甜點稱為「和菓子」，多使用紅豆餡與麻糬製作。和菓子依水分含量可分為「生菓子」與「干菓子」兩大類，製作方式與材料皆不同。

黑糖蜜豆
あんみつ
餡蜜・*ammitsu*

將寒天、豆餡、紅豌豆、水果、麻糬等盛入碗中，再淋上黑糖蜜的甜點。若沒有加豆餡，則稱為「蜜豆」。據說源自江戶時代。

寒天、餡、赤えんどう豆、果物、餅などを盛り合わせて、黒蜜をかけたもの。餡をのせていないものを「蜜豆（みつまめ）」といい、江戸時代より売られていたという。

紅豆湯
ぜんざい
善哉・*zenzai*

將紅豆與砂糖加入水中煮透，再放入麻糬或白湯圓的甜點。將湯汁瀝乾者，日語一般（特別是在關西）稱為「汁粉（*shiruko*）」；關東則稱沒有湯汁的麻糬豆沙為「善哉（*zenzai*）」。

小豆に水と砂糖を加えて煮込み、餅や白玉団子などを入れたもの。煮汁をきれいに濾（こ）したものは一般に（特に関西では）、「汁粉」と呼ばれる。関東では、餅に汁気のない餡をのせたものを善哉と呼ぶことがある。

和菓子・*wagashi*

日本独自に発展した菓子を和菓子といい、小豆餡や餅が使われているものが多い。和菓子は「生（なま）菓子」と「干（ひ）菓子」に大別され、製造方法や素材が異なる。

羊羹
羊羹・*yokan*

將寒天放入水中煮化，加入砂糖和豆餡混勻，再置入長條形的模型使其凝固而成的甜點，一般稱為「練羊羹」。相對於此，減少寒天的分量，質地較軟的羊羹則稱為「水羊羹」；而在拌入砂糖的豆餡中加入麵粉或葛粉後炊蒸的羊羹，則稱為「蒸羊羹」。

寒天を水で煮溶かし、砂糖と餡を加えて練り、細長い型に流し固めたもの。これを「練羊羹」というのに対して、寒天の量が少なくてやわらかいものを「水羊羹」、練った餡に小麦粉や葛粉などを加えて蒸し固めたものを「蒸し羊羹」という。

金鍔糕
金鍔・*kintsuba*

將豆餡整成方形或圓餅形後，裹上麵糊烘烤的甜點。金鍔糕的「鍔」是日本刀介於刀柄和刀身之間的鐵圓片，因為形狀相似而得名。

四角もしくは円形に固めた餡に、小麦粉の水溶きをつけて焼いたもの。金鍔の鍔とは日本刀の持ち手と刀身の間に差し込む鉄の輪のこと。その形に似ていたことからのネーミングとされる。

山藥饅頭

<ruby>薯<rt>じょう</rt>蕷<rt>よう</rt>饅<rt>まん</rt>頭<rt>じゅう</rt></ruby>・*joyo-manju*

將山藥泥與米粉混合後蒸熟做成皮，再包入豆餡的甜點。有時也會將漢字寫作「上用饅頭」，強調高級感。

すりおろした薯蕷芋（とろろいも／山芋、つくね芋など）に米粉などを混ぜて蒸した皮で、餡を包んだ菓子。高級という意味を含めて「上用饅頭」と書くこともある。

紅豆大福

<ruby>豆<rt>まめ</rt>大<rt>だい</rt>福<rt>ふく</rt></ruby>・*mame-daifuku*

包入豆餡的麻糬，在日語中稱為「大福餅（*daifuku-mochi*）」，而在麻糬皮中混入紅豌豆者，稱為「豆大福」。另外，添加艾草的「蓬大福（*yomogi-daifuku*）／草大福（*kusa-daifuku*）」以及在豆餡裡放入草莓的「苺大福（*ichigo-daifuku*）」也很受歡迎。

餅の皮で餡を包んだものを「大福餅」といい、餅に赤えんどう豆を入れたものを「豆大福」という。生地に蓬（よもぎ）を加えた「蓬大福（草大福）」、餡に苺を入れた「苺大福」なども人気。

車輪餅

今川焼き · *imagawayaki*
大判焼き · *obanyaki*
回転焼き · *kaitenyaki*

使用左右兩個半圓的模型，將以麵粉、水、砂糖、蛋混合而成的麵糊烤熟，再放入豆餡的甜點。各地名稱不同，有「今川燒」、「大判燒」、「回轉燒」等別名。

左右二つ折りの焼き型を使って、小麦粉・水・砂糖・卵を混ぜた生地を焼き、餡を包んだ菓子。地方によって「今川焼き」、「大判焼き」、「回転焼き」などと呼ばれる。

銅鑼燒

どら焼き · *dorayaki* ／三笠 · *mikasa*

將以麵粉、蛋、砂糖混合而成的麵糊烤成圓餅，用兩片皮夾住豆餡的甜點。因狀似打擊樂器銅鑼而得名。在關西，因為讓人聯想到奈良的三笠山，因此也稱為「三笠」。

小麦粉・卵・砂糖を混ぜた生地を丸く焼き、2枚の皮で餡を挟んだ菓子。打楽器の銅鑼（どら）と似ていることからの名前。関西では奈良の三笠山を連想させるため、「三笠」とも呼ばれる。

最中

最中 · *monaka*

用兩片由麻糬烤成的薄餅皮包住豆餡做成的甜點。日本稱中秋節的滿月為「最中之月」，便將這種狀似滿月的甜點稱為「最中」。

餅を薄く焼いた皮2枚の間に餡を挟んだ菓子。十五夜の満月を「最中（もなか）の月」といい、名月に見立てたこの菓子を「最中」と呼んだとされる。

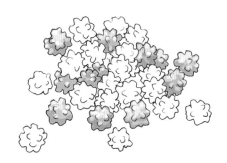

金平糖
こんぺいとう
金平糖・*kompeito*

使用一種可旋轉的大鍋,將糖漿層層包覆在罌粟籽上製成的砂糖結晶。源自葡萄牙,為葡萄牙語「confeito」的諧音,意思為糖果。

回転する大きな釜を用いて、芥子の実に砂糖蜜を何度もかけてつくる砂糖の結晶。ポルトガル伝来の南蛮菓子の一つで、砂糖菓子を意味するポルトガル語のconfeitoから付いた名前。

有平糖
あるへいとう
有平糖・*aruheito*

一種將砂糖煮成濃稠狀後染色的糖果,通常會依時節做成象徵當季物品的形狀。源自葡萄牙,據說原型為名叫「alfeloa」或「alfenim」的糖果。上圖中有平糖的形狀日語稱為「千代結び(*chiyomusubi*)」。

砂糖を煮詰めて着色した飴菓子の一種。その季節を象徴するさまざまな物に形づくられる。ポルトガル伝来の南蛮菓子の一つで、alfeloa もしくは alfenim という砂糖菓子が原型とされる。絵は「千代結び」という形。

落雁糕
落雁・*rakugan*

將米粉或麵粉加入以砂糖與麥芽糖製成的糖漿，放入木頭模型中成型的干菓子。名稱由來眾說紛紜，有一說認為是取自中國甜點「軟落甘」的諧音。

砂糖と水飴を溶かした液に米や麦などの粉を加えて混ぜ、木型に詰めて成型し、取り出した干菓子。語源は諸説あり、中国の菓子「軟落甘（なんらくかん）」にちなむという説もある。

松風燒
松風・*matsukaze*

將以麵粉、砂糖、水混合而成的麵糊攤平，撒上罌粟籽後烤成的甜點。有做成像薄餅乾的，也有做成圖中類似蛋糕的型態。在京都則多為加入白味噌的「味噌松風燒」。

小麦粉・砂糖・水などを混ぜ合わせた生地を平らにし、芥子の実を散らして焼いた菓子。薄い煎餅状のものもあれば、絵のようなカステラ風のものもある。京都では白味噌を混ぜた「味噌松風」が多い。

季節性和菓子

日本傳統甜點最大的特徵，就是象徵了當季的風情，每個傳統節慶各有獨特的甜點。在此逐一介紹一年12個月最具代表性的甜點。

1月

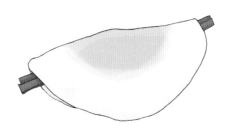

花瓣餅

花びら餅・*hanabira-mochi*

用求肥※薄皮包裹牛蒡與味噌餡的正月茶點。源自日本皇室在正月食用的「菱葩」，改以牛蒡代替香魚。由於結合了麻糬和味噌，因此有「包み雑煮（*tsutsumi-zoni*）」的別名。
※ 將糯米粉加水混合後蒸熟，再加入砂糖揉捏成的麵團。

薄い求肥（ぎゅうひ）※でごぼうと味噌餡を包んだ正月の茶席菓子。宮中の正月行事に食する「菱葩（ひしはなびら）」にルーツがあり、ごぼうは鮎を見立てている。餅と味噌の組み合わせから「包み雑煮」という異名もある。
※水を加えてこねた餅粉を蒸し、砂糖を加えて練ったもの。

2月

鶯餅

鶯餅・*uguisu-mochi*

以求肥包裹豆餡，再撒上青豆粉的甜點。顏色令人聯想到2月在梅樹上高啼的黃鶯。

求肥（ぎゅうひ）で餡を包み、青きな粉をまぶした菓子。その色が、2月に梅の木でさえずる鶯を思わせる。

3 月

艾草餅

草餅 · *kusa-mochi* ／蓬餅 · *yomogi-mochi*

在麻糬中添加煮過的艾草嫩葉，再包裹豆餡的甜點。3 月發芽的艾草日語又稱為「餅草（*mochi-kusa*）」。此外，蓬餅也是慶祝 3 月 3 日女兒節（142 頁）的點心。

茹でた蓬の若葉を加えた餅皮で、餡を包んだ菓子。3 月に芽吹く蓬は「餅草」とも呼ばれる。蓬餅は 3 月 3 日の雛祭り（142 頁）の祝い菓子にも用いられる。

4 月

關西
（関西 · *Kansai*）

關東
（関東 · *Kanto*）

櫻餅

桜餅 · *sakura-mochi*

以鹽漬櫻花葉包覆的甜點。關西的作法是以道明寺粉（將糯米蒸熟後烘乾製成）包裹豆餡，關東的作法則用麵粉製作的薄皮包裹豆沙餡。

塩漬けにした桜の葉で包んだ菓子。餡を、蒸した道明寺粉（どうみょうじこ · もち米を蒸して乾燥させたもの）で包む関西風と、小麦粉を薄く焼いた皮で包む関東風がある。

5 月

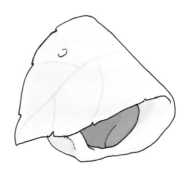

落文
落とし文・*otoshibumi*

捲葉象鼻蟲這種甲蟲在日語中名為「オトシブミ（*otoshibumi*）」，在 5 月時會將葉片捲起做成搖籃，在裡面產卵。因為做出來的搖籃形狀類似「落文」，也就是古人為了避人耳目而故意丟在地上讓對方拾起的信件，因而得名。而這道甜點也是因為形狀類似而如此命名。

オトシブミという甲虫は、5月頃、葉を巻いてつくったゆりかごのなかに卵を産む。このゆりかごを形づくった菓子。公然とはいえないことを書いて、わざと路上に落としておいた手紙に似ていたことから甲虫にオトシブミの名前が付いた。

6 月

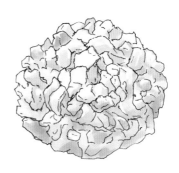

紫陽花金團
紫陽花金団・*ajisai-kinton*

依照 6 月盛開的繡球花（紫陽花）形狀做出的甜點。所謂的「金團」是將染色過的豆沙沾附在豆餡團周圍製成的甜點，能夠呈現出各種植物樣貌與風景。

6月に咲く紫陽花（あじさい）を表した菓子。着色したそぼろ状の餡を、餡玉の周囲に付けたものを金団（きんとん）といい、さまざまな植物や風景を表現することができる。

7 月

紅豆涼圓
<ruby>葛饅頭<rt>くずまんじゅう</rt></ruby>・*kuzu-manju*

將葛粉加水煮成透明的外皮，再包入豆餡的甜點。葛是一種具有纏繞性的豆科多年生草本植物，夏季和菓子經常使用的葛粉，就是由葛根的澱粉質製成，近年已愈來愈少見。

葛粉を煮溶かした透明感のある皮で、餡を包んだ菓子。夏の和菓子は葛を使ったものが多い。葛粉は、マメ科のつる性多年草である葛の根からとるデンプンだが、近年は希少品になっている。

8 月

水 ［有平糖］
<ruby>水<rt>みず</rt></ruby>・*mizu*［有平糖］

將砂糖煮成濃稠狀後染色製成的「有平糖」（90 頁），是一種呈現出水流意象的干菓子。

砂糖を煮詰めて着色した有平糖（90頁）で、水の流れを表した干菓子。

9 月

萩餅

<ruby>萩<rt>はぎ</rt></ruby>の<ruby>餅<rt>もち</rt></ruby> · *hagi no mochi* ／おはぎ · *ohagi*

將糯米和米混合後蒸熟，再用紅豆餡包覆的甜點。日本習俗在秋季彼岸（秋分前後）時享用，將其比擬為秋天的胡枝子（萩，*hagi*）花，因此稱為「萩餅」。春季彼岸（春分前後）也會吃同樣的甜點，但春季則將其比擬為牡丹花，稱為「牡丹餅」。

餅米と米を混ぜて蒸したものを、餡で包んだ菓子。秋の彼岸（秋分の日の前後）に食べる菓子で、その頃に咲く萩の花になぞらえて「萩の餅」という。春の彼岸（春分の日の前後）にも同様の菓子を食べるが、こちらは牡丹になぞらえて「ぼた餅（牡丹餅）」と呼び分けることもある。

10 月

吹寄菓子

<ruby>吹<rt>ふ</rt></ruby>き<ruby>寄<rt>よ</rt></ruby>せ · *fukiyose*

綜合各種依照紅葉、果實等形狀做成的干菓子，是呈現出秋季意象的甜點。「吹寄」意指秋風將落葉吹拂聚集至一處。另外，將多種食材混合製成的秋季料理，也稱為「吹寄」。

色づいた木の葉や木の実などを形づくった干菓子を寄せ集め、秋の風情を表したもの。「吹き寄せ」とは、秋風で落葉が一か所に集まることをいう。また、数種類の具材を盛り合わせた秋の料理も「吹き寄せ」と呼ぶ。

11 月

亥子餅
亥の子餅・*inoko-mochi* ／玄猪餅・*gencho-mochi*

以求肥（92 頁）包裹豆餡，象徵豬（亥）的甜點。古時為了祈求無病無災、多子多孫，會在陰曆 10 月初的亥日吃這種甜點，藉以得到豬隻多產的福氣。在茶道中，則是 11 月享用的傳統茶點。

餡を求肥（92 頁）で包んで猪（亥）の子どもを表した菓子。昔は、猪の多産にあやかり無病息災・子孫繁栄を願う、旧暦10月はじめの亥の日の行事で食べられた。茶道では11月に食べる菓子の定番。

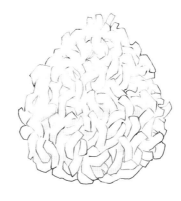

12 月

雪餅
雪餅・*yuki-mochi*

以加入山藥或百合根的豆餡製作而成的雪白色金團（將染色的豆沙沾附在豆餡團周圍的甜點）。

大和芋や百合根からつくる餡を使って、雪のように真っ白に仕上げた金団（＝餡玉の周囲に着色したそぼろ状の餡をつけた菓子）。

茶

日本最具代表性的茶就是綠茶。綠茶與紅茶、烏龍茶之間的差異，是茶葉未經發酵。隨著製作方法不同，分為許多種類。

煎茶
煎茶 · *sencha*

將摘下的茶葉燻蒸後，邊揉捻邊使其乾燥的茶。一般注入熱水沖泡後飲用，是綠茶中最普遍的種類。

摘んだ葉を蒸し、揉みながら乾燥させた茶。湯を注ぎ、浸出した茶を飲む。緑茶のなかで最も一般的な飲み物。

玉露
玉露 · *gyokuro*

製作法式與煎茶相同，但在種植時會遮蔽茶園的陽光，以增加甘甜味，屬於高級茶。慢慢注入溫度稍低的熱水，待充分沖泡開來，便是香味芬芳、口味甘甜的綠茶。

製法は煎茶と同じだが、茶畑に覆いをして日光を遮ることで旨みを増した茶葉を用いる高級茶。低温の湯を少量注ぎ、じっくりと淹れると、香り高くて甘みのある緑茶になる。

抹茶
抹茶 · *matcha*

以種植時遮蔽茶園陽光、味道較為甘甜的茶葉磨製的茶粉。注入熱水，以茶刷（123頁）攪拌後飲用。

茶畑に覆いをして日光を遮ることで旨みを増した茶葉を粉末にしたもの。湯を注ぎ、茶筅（123頁）で攪拌（かくはん）してから飲む。

茶 · *cha*

日本の茶といえば緑茶。紅茶や烏龍茶との違いは、茶葉を発酵させないところ。作り方によってさまざまな種類がある。

焙茶／番茶
焙じ茶 · *hojicha* ／番茶 · *bancha*

用摘剩的偏硬茶葉製成的煎茶，稱為「番茶」。而烘焙過的「番茶」，則稱為「焙茶」，以富有焦香味為特徵。在日本有些地區會將「焙茶」稱為「番茶」。

摘み残りの硬い茶葉でつくる煎茶を「番茶」という。番茶を焙煎させたものを「焙じ茶」といい、こうばしい香りが特徴。焙じ茶のことを番茶という地域もある。

玄米茶
玄米茶 · *gemmaicha*

將烘炒過的糙米加入綠茶製成。香氣濃郁，咖啡因較低。

炒った玄米を緑茶などに加えたもの。こうばしい香りで、カフェインが少ない。

莖茶
茎茶 · *kukicha* ／雁が音 · *karigane*

在製作玉露或煎茶的過程中，收集新芽的茶梗製成的茶。特徵是清新的香氣與清淡的口味。由於茶梗狀似飛雁在海上歇息時停靠的樹枝，因而得名。

玉露や煎茶の仕上げ工程で、新芽の茎だけを集めたもの。若々しい香りとさっぱりした味わいが特徴。茎の形が、雁が海上で羽を休めるために乗る小枝に似ていることから名が付いたとされる。

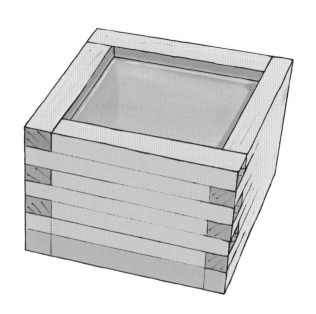

日本酒
日本酒・*nihonshu*

以米、水、米麴作為原料，由酵母發酵製成的釀造酒，酒精濃度為 15～16％。有「純米酒」與「本釀造酒」之分，「本釀造酒」中添加了釀造用酒精。加熱後的日本酒稱為「燗酒」。在喜慶場合中，會用圖中的容器「枡」將裝在大木桶裡的酒舀出飲用。

米・水・米麴を原料にして、酵母の働きで発酵させてつくる醸造酒。アルコール度は15〜16度。「純米酒」と「本醸造酒」があり、「本醸造酒」には醸造用アルコールが添加されている。温めて飲むものを「燗酒」という。祝い事などのとき、大きな木樽に入れた酒を絵のような枡（ます）に汲んで飲むことがある。

酒 · *sake*

近年、世界的にも人気の高い日本酒。しかし日本には焼酎や泡盛といったアルコール飲料もあり、全国各地にたくさんの蔵元（製造所）が存在する。

焼酎
焼酎 · *shochu*

以米、麥、番薯等為原料製作的蒸餾酒，主要產地為九州。酒精濃度大多為 20 或 25％，一般會以水、冰塊或熱水稀釋後飲用。圖中的專用酒器名為「黑千代香」，可將焼酎與水倒入壺中，隔水加熱。

主に米・麦・さつまいもなどを原料としてつくられる蒸留酒。九州地方が主産地。アルコール度は 20 度か 25 度のものが多く、水や氷、お湯などで割って飲むのが一般的。絵は「黒ぢょか」と呼ばれる専用の酒器で、焼酎と水を入れ、湯せんなどで温める。

泡盛
泡盛 · *awamori*

以泰國米為原料，用黑麴蒸餾而成的沖繩縣特產焼酎。坊間的泡盛酒精濃度多為 30％，但也有超過 40％的。可直接飲用，或以冰塊或水稀釋。圖中的酒器名為「カラカラ（*karakara*）」，在沖繩十分常見。

タイ米を原料として、黒麴菌を用いて蒸留させた沖縄県特産の焼酎。一般流通品はアルコール度 30 度だが、40 度を超えるものもある。ストレート、ロック、水割りで飲むのが一般的。絵は「カラカラ」と呼ばれる酒器で、沖縄でよく用いられる。

和食調味料
和食の調味料　*Washoku no chomiryo*

醬油　醤油・*shoyu*

在大豆和小麥中加入麴菌以製造麴，再加入鹽水，使其發酵、熟成。分為「濃口」與「薄口」，「濃口」是一般大眾熟悉的醬油，「薄口」則是為了讓菜餚的色澤更漂亮，而提高鹽水濃度所釀造出的淡色醬油。

大豆と小麦に麴菌を加えて麹をつくり、塩水を加えて発酵・熟成させたもの。「こいくち」と「うすくち」があり、「こいくち」が一般的に認知されている醤油のこと。「うすくち」は、料理の見た目をきれいにするために、塩水を高濃度にして色を薄く仕上げた醤油。

味噌　味噌・*miso*

將大豆和麴、鹽混合，使其熟成後製成的調味料。使用米麴製作的「米味噌」最為普遍，另外還有使用麥麴製成的「麥味噌」、綜合麥麴與米麴製成的「調合味噌」，以及只使用大豆及鹽製成的「豆味噌」等。

大豆に麴と塩を混ぜ合わせて、熟成させたもの。米麴を使った「米味噌」が広く流通している。ほかに、麦麴を使う「麦味噌」、麦麴と米麴を使う「合わせ味噌」、大豆と塩だけでつくる「豆味噌」がある。

酒　酒・*sake*

指日本酒。也有專門用於料理的酒。請參照 100 頁。

日本酒のこと。料理用につくられた酒もある。100頁参照。

味醂　みりん・*mirin*

將糯米蒸熟後，加入米麴和釀造用酒精使其醣化、熟成，做成像酒一般但帶有甜味的調味料，稱為「本味醂」，酒精濃度大約 14%，因此一般被歸為酒類。近年以不添加釀造用酒精的「味醂風味調味料」較為普遍。

蒸した餅米に、米麴と醸造用アルコールを加えて糖化・熟成させた、甘みのある酒のような調味料。これを「本みりん」といい、アルコール度は14度ほどで酒類に分類される。近年は、醸造用アルコールを使わない「みりん風調味料」が一般的になっている。

橘醋　ポン酢・*ponzu*

將香橙、臭橙、醋橘（80-81 頁）等柑橘類果汁，與醬油、高湯、味醂等混合調製而成的調味料，常作為火鍋、清蒸料理的沾醬使用。名稱源自荷蘭語表示柑橘類的「pons」一詞。

柚子、かぼす、すだち（80-81頁）など柑橘類の絞り汁に、醤油、ダシ、みりんなどを加えて調味したもの。鍋や蒸し物などのつけ汁として使用することが多い。語源はオランダ語で柑橘類を表す「ポンス（pons）」。

食器

青瓷
青磁 · *seiji*

常作為花瓶、茶具、碗盤等使用的瓷器，呈藍綠色，帶有透明感。其色澤來自釉藥中含有的微量鐵遇熱後的反應。青瓷的製作方法起源於中國，後來傳到日本與朝鮮半島。

花瓶、茶器、皿などに使われている青くて透明感のある磁器。うわぐすりに含まれるわずかな鉄分が熱に反応して青色になる。中国で製造が始まり、その製品と技法は日本や朝鮮半島にも伝わった。

白瓷
白磁 · *hakuji*

西洋、日式食器中最常見的白色瓷器。在白色瓷胚上施以不含鐵的透明釉，再以高溫燒製而成。與青瓷同樣源於中國，但比青瓷晚出現；日本則是在江戶時代初期（17世紀初）於九州的有田首次燒製出來。

洋食器、和食器に最も多く見られる白い磁器。白色の素地に、鉄分のない透明のうわぐすりをかけ、高温で焼き上げる。中国で青磁より後代に製造が始まり、日本では江戸時代初期（17世紀初頭）に九州の有田で焼成ができるようになった。

主に白色の土や鉱物を原料に、うわぐすりをかけて焼いたガラス質の焼き物。吸水性がなく、透明感のある肌が特徴。

青花瓷

染付 · *sometsuke*

白底藍花紋的瓷器。以鈷藍顏料在白色瓷胚上繪製圖案，再施以透明釉燒製而成。在原產地中國稱為「青花」。日本的伊萬里燒（106 頁）是世界聞名的青花瓷。

白地に青い模様がある磁器。白い素地の上にコバルト顔料で模様を描き、透明のうわぐすりをかけて焼く。原産地の中国では「青花（せいか）」と呼ばれる。日本では伊万里焼（106頁）が世界的に有名。

彩瓷

色絵 · *iroe*

在白色瓷胚上用紅、綠等多色彩釉繪製圖案的華麗瓷器。1640 年代有田燒（106 頁）歷經技術革新，開始製作彩瓷。在關西則以京都的清水燒（107 頁）最廣為人知。

白地に赤・緑など二色以上の色ぐすりで上絵付けをした、華やかな磁器。1640年代に有田焼（106頁）の技術革新が行われ、色絵磁器がつくれるようになった。関西では京都の清水焼（107頁）も有名。

伊萬里燒／有田燒

伊万里燒・*imari-yaki*／有田燒・*arita-yaki*

主要生產於佐賀縣有田的青花瓷或彩瓷。17 世紀初發現有田出產瓷土，遂開始製造中國風的青花瓷。這些以雪白底色與細膩圖案著稱的青花瓷，在海外也大受歡迎，由於是從伊萬里港出口到世界各地，「伊萬里」便成為品牌名稱。之後研發出的彩瓷，也靠著晶瑩剔透的白底與美麗的彩繪風靡全球。在現代也是和食常用的食器。

主に佐賀県有田でつくられる染付と色絵磁器。有田では 17 世紀初期に磁土が発見され、中国風の染付を製造するようになった。雪のような白地と繊細な絵付けが特徴の染付は、海外でも人気を博し、伊万里港から世界へ輸出されたことから「伊万里」がブランド名となった。その後に開発されたカラフルな色絵磁器も、透き通った白い肌と美しい絵付けで世界を魅了した。現在の和食器にも好んで使われている。

清水燒
きよみずやき
清水燒 · *kiyomizu-yaki*

在京都製造的瓷器，因為在清水寺附近燒製而得名。原本是在陶器上繪製圖樣，後引進有田燒的製作技術，開始製造色彩繽紛的瓷器。關西的和食多使用清水燒作為食器。

京都でつくられる磁器。清水寺付近で焼かれていたことからのネーミング。もともと陶器に絵付けをしていたが、有田焼の磁器の技術を導入してから、華やかな色絵磁器が製造されるようになった。関西の和食器は清水焼が多い。

九谷燒
くたにやき
九谷燒 · *kutani-yaki*

主要生產於石川縣九谷的彩繪陶瓷器。九谷燒以獨特的沉穩色調為特徵，其中最知名的就是裝飾瓷盤，包含古時使用紅、黃、綠、紫、靛等 5 種顏色製成的「九谷五彩」，以及使用紅色以外的其餘 4 色、不留白底的「青手」。九谷燒的食器多為盤或缽。

主に石川県九谷で絵付けをした陶器と磁器。九谷焼独特の渋い色調が特徴で、古いものでは、赤・黄・緑・紫・紺青の5色を使った「九谷五彩」、赤を除く4色を余白を残さず塗り込めた「青手（あおで）」の飾り皿が有名。食器としては皿や鉢が多い。

織部燒

織部燒・*oribe-yaki*

屬岐阜縣製作的「美濃燒」，名稱源自武將古田織部（1543～1615）。特徵是綠色搭配帶有黑色的幾何圖案，為日本料理店常用的食器。

岐阜県でつくられる「美濃焼（みのやき）」の一種。古田織部（1543～1615）という武将にちなんだネーミング。緑色と黒みがかった幾何学模様の組み合わせが特徴で、料理店の和食器に好まれる。

志野燒

志野燒・*shino-yaki*

美濃燒的一種，特徵是陶土較軟，表面施以大量白釉。繪有圖案的志野燒稱為「繪志野」，其中名為「卯花牆」的繪志野抹茶茶碗是日本的國寶。

美濃焼の一種。土がやわらかく、白いうわぐすりがたっぷりかかっているのが特徴。絵付けがあるものを「絵志野」といい、「卯花墻（うのはながき）」という名前の絵志野の抹茶茶碗は、日本の国宝になっている。

陶器・*toki*

粘土からつくる陶器には、素地（きじ）の上にうわぐすりをかけてから焼くものと、かけないで焼く焼締（やきし）めがある。日本各地に窯場があるが、ここでは代表的なものを紹介する。

信樂燒
信楽焼・*shigaraki-yaki*

主要在滋賀縣信樂製作的「燒締」陶器，以保留紅土的粗糙手感為特徵，適合製作花瓶、大盤子或大缽。日本常見的戴著斗笠的狸貓擺飾正是信樂燒。

主に滋賀県信楽でつくられる焼締め陶器。ほんのり赤みを帯びた土そのもののざらっとした肌触りが特徴で、花瓶や大皿、大鉢に向いている。笠をかぶったたぬきの置物が名物。

伊賀燒
伊賀焼・*iga-yaki*

主要在三重縣伊賀製作的「燒締」陶器。高溫燒製時，柴薪的落灰會玻化呈綠色（稱「自然釉」）或焦黑，粗獷的風格充滿魅力。耐高溫，適合製作土鍋。

主に三重県伊賀でつくられる焼締め陶器。高温で焼かれることによって、降りかかった薪の灰が緑色のガラス質（ビードロと呼ばれる）となったり、黒く焦げたりする荒々しさが魅力。耐火度が高いので、土鍋に向いている。

常滑燒

常滑燒・*tokoname-yaki*

主要在愛知縣常滑製作的「燒締」陶器，特徵是使用含鐵量高的柔滑黏土製作，在高溫燒製下呈現紅褐色，稱為「朱泥」。朱泥茶壺是常滑燒的特產之一。

主に愛知県常滑でつくられる焼締め陶器。鉄分の多いなめらかな粘土が特徴で、高温で焼き締めると赤褐色になる。これを朱泥（しゅでい）といい、朱泥の急須は常滑焼の特産品の一つになっている。

備前燒／伊部燒

備前燒・*bizen-yaki*／伊部燒・*imbe-yaki*

主要在岡山縣備前市伊部製作的「燒締」陶器。使用含鐵的褐土製作，簡樸的風格為其魅力所在。備前市是日本主要的陶器產地之一。

主に岡山県備前市伊部でつくられる焼締め陶器。鉄分を含む茶褐色の土を使った、素朴なたたずまいが魅力となっている。生産量の多い焼き物の産地の一つ。

萩燒

萩燒 · *hagi-yaki*
<ruby>萩燒<rt>はぎやき</rt></ruby>

主要在山口縣萩製作的陶器,特徵是使用白黏土與淺色釉藥,觸感細緻。長期使用後,胚體會吸水,呈現出不同的風貌。常製作成茶杯。

主に山口県萩でつくられる陶器。白い粘土と淡いうわぐすりを用いたやさしい肌が特徴。使い込むうちに水を吸って表情が変化する。湯飲みに好まれる焼き物の一つ。

唐津燒

唐津燒 · *karatsu-yaki*
<ruby>唐津燒<rt>からつやき</rt></ruby>

主要在佐賀縣唐津製作的陶器,繪有圖案的唐津燒稱為「繪唐津」。唐津燒有各種技法,或保留陶胚質感,或施釉。直至近年,日本九州地區以「唐津物」泛稱所有的陶瓷器,足見其普遍程度。

主に佐賀県唐津でつくられる陶器。絵付けしたものを「絵唐津」という。唐津焼には土肌を生かしたものから、うわぐすりを使ったものまで多様な技法があり、近年まで九州地方では陶磁器を総称して「唐津物」というほど、流通していた。

方盤

四方皿 *yoho-zara* ／角皿 *kaku-zara*

正方形的盤子。日語的「四方皿」亦可讀作「しほう皿（*shiho-zara*）」，但「よほう皿（*yoho-zara*）」的讀音較為普遍。

正方形の四角い皿。「しほう皿」ともいうが、「よほう皿」と呼ぶことが多い。

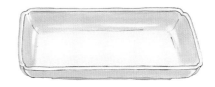

長盤

長皿 *naga-zara*

長方形的盤子。多用於盛裝烤魚或前菜。

長方形の皿。焼き魚や前菜などを盛り付けることが多い。

平長盤

俎板皿 *manaita-zara*

像砧板（俎板）一樣的長方形平盤。有些底部兩側附腳。

俎板（まないた）のように平らで横に長い皿。底（裏側）の左右に小さな脚がついているものもある。

和食では、料理によってさまざまな形の器を使い分ける。ここでは代表的な食器と酒器の名前を紹介する。

小深碗
向付・*mukozuke*
<small>むこうづけ</small>

盛裝生魚片或涼拌料理的小碗。原指茶道的「懷石」餐食中，位置與飯碗、湯碗相對的下酒菜，或盛裝下酒菜的容器。

刺身や和え物などを入れる小鉢。本来は、茶道の食事「懐石」で、飯椀と汁椀の向こうに置く酒肴（しゅこう）、もしくはその器のことをいう。

深圓盤
なます皿・*namasu-zara*
<small>ざら</small>

較深的圓盤。用於指稱古伊萬里燒（106頁）的器物，而所謂的「なます（*namasu*）」是醋漬料理的意思。

少し深めの丸皿。古い伊万里の器（106頁）に用いる名前で、「なます」は酢の物のこと。

器皿

食器

113

提鉢

手付鉢 · *tetsukibachi*
（てつきばち）

顧名思義，為附提把的鉢。但提把僅為裝飾用，不適用手提。

その名の通り、持ち手のついた鉢。持ち手はあくまで装飾なので、持たないほうがよい。

單口鉢

片口 · *katakuchi*
（かたくち）

只有 1 個注水口的鉢。原是用於分裝湯或酒等液體的容器，後來演變為盛裝料理的食器。

注ぎ口が 1 つだけついた鉢。本来は汁物や酒などの液体を注ぎ分ける用途の器だが、料理を盛り付けると食器になる。

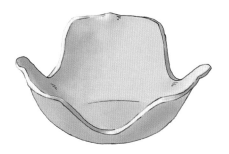

三瓣缽

<ruby>割山椒<rt>わりざんしょう</rt></ruby> *warizansho*

邊緣有 3 個裂口的容器，因形狀類似裂開的山椒果實而得名。一般用來盛裝少量的珍饈或下酒菜。

器の縁に 3 つの切れ目が入った器。山椒の実が割れたような形に見えることからのネーミング。少量の珍味や酒肴を入れる。

漆碗

<ruby>塗椀<rt>ぬりわん</rt></ruby> *nuriwan*

「漆器」的一種，用來盛裝湯品（22 頁）的碗。漆器是將漆樹的樹液層層塗在木製容器上製成的日本傳統工藝品，英語名稱為「Japan」。

「漆器」の一つで、汁物を入れる椀のこと（22頁）。漆器は、ウルシの樹液を木地の器に何度も塗り重ねてつくられる、日本古来のもの。「ジャパン」の英名を持つ。

方木盤
八寸・*hassun*

約 24cm 見方的木製容器。日本古時稱 3cm 為一寸，這種尺寸的木盤因而得名「八寸」。在茶道的「懷石」餐食中，會將山珍海味等下酒菜一一盛裝於此盤中。

約24cm四方の木地の器。日本では昔、約3cm を一寸といったので、これを八寸という。茶道 の食事「懐石」では、これに海の幸と山の幸な どの酒肴（しゅこう）を盛り付ける。

輪箱
曲げわっぱ・*magewappa*

將薄木片捲成圓筒狀製成的容器。高級的製 品會使用兼具吸溼、芳香與殺菌效果的杉木 製作，並以櫻樹皮加工裝飾。通常作為便當 盒使用。

薄くそいだ木の板を曲げて円筒形にした器。 高級品は、吸湿性・芳香・殺菌効果を備えた スギを用いて、桜の樹皮で綴じる。弁当箱とし て使うのが一般的。

飯桶
飯櫃・*meshibitsu* ／おひつ・*ohitsu*

盛裝米飯的木桶。具有優異的保溫功能，能 適度吸收米飯裡的水分，因此古時會將煮熟 的米飯先裝進飯桶，再添入碗裡。

ご飯を入れておく木地の器。保温性に優れ、ほ どよく米の水分を吸うため、かつては炊き上が ったご飯を飯櫃に移してから、ご飯茶碗によそ っていた。

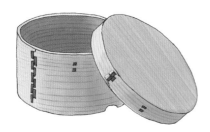

鐵酒壺
燗鍋 · *kan-nabe*

一種附提把的鐵製酒壺，主要用於茶道的
「懷石」餐食。古時會以鐵酒壺裝酒，直接
置於火上加熱，現在則是將溫熱好的酒倒入
鐵酒壺中。

主に茶道の食事「懐石」で使われる、注ぎ口と
手がついた鉄製の酒器。昔は酒を入れた燗鍋
を直接火にかけていたが、現在では温めた酒を
入れて使う。

1

2

1

朱杯
朱杯 · *shuhai*

在正式喜慶場合或茶道的「懷石」餐食中使用的紅色酒杯，通常與鐵酒壺成套。

正式な祝い事や、茶道の食事「懐石」で用いられる朱塗りの杯。燗鍋とセットで供される。

2

杯臺
杯台 · *haidai (sakazukidai)*

盛放多個酒杯的臺座。中央有一個小洞，稱為「したみ受け（*shitami-uke*）」，用
以接住酒杯上的水滴或殘酒，但現在已不做此用途。

杯を重ねてのせる台。中央に、杯に打った露や残った酒などを入れるための「したみ受
け」という穴がある。ただし現在は、したみ受けがこの用途で使われることはない。

1

窄口酒壺
德利 *tokkuri (tokuri)* ／銚子 *choshi*

將酒注入小酒杯（119頁）用的窄口酒壺。裝入酒之後可拿來隔水加熱。

猪口（ちょこ・119頁）に酒を注ぐための、口のすぼんだ器。酒を入れ、徳利ごと燗をする（湯につけて温める）。

2

酒壺墊
德利袴 *tokkuri-bakama* ／銚子袴 *choshi-bakama*

用來放置隔水加熱後的窄口酒壺，藉以隔熱和水氣。多為漆器。

燗をした徳利をのせて、水気や熱を受ける器。漆器が多い。

小酒杯

猪口・*choko* ／杯・*sakatzuki*

酒杯。日語的「猪口」原意為小碗，引申指稱酒杯後，從此便只作酒器使用。通常是與窄口酒壺（118 頁）成對的瓷器。

酒を注いで飲む器。猪口は昔、小鉢の名前だったが、酒器に転用された後、酒専用につくられるようになった。徳利（118頁）とペアになった磁器製が多い。

大酒杯

ぐい呑み・*guinomi*

比「小酒杯」稍大的酒杯，多為陶器。名稱來自日語以「ぐいぐい（*guigui*）」一詞形容大口喝下的樣子，是一個較新的名詞。

猪口よりも大ぶりの酒を飲む器。「ぐいぐい呑む」もしくは「ぐいっと呑む」という意味から生まれた比較的新しい名前。陶器製のものが多い。

1

茶壺

<ruby>急須<rt>きゅうす</rt></ruby> · *kyusu*

放入茶葉，注入熱水沖泡後，將茶一一倒入茶杯的器具。具注水口和提把，大小、形狀不一。上圖為朱泥茶壺（110頁）。

茶葉を入れ、湯を注いで茶を抽出し、茶碗につぎ分けるための道具。注ぎ口と取っ手がついている。大きさや形はさまざまある。絵は朱泥（しゅでい）の急須（110頁）。

2

茶碗

<ruby>茶碗<rt>ちゃわん</rt></ruby> · *chawan* ／<ruby>湯呑み<rt>ゆの</rt></ruby> · *yunomi*

喝煎茶用的陶瓷器。

煎茶を注いで飲むための磁器製もしくは陶器製の器。

茶（抹茶以外）を淹れるときに使う道具を紹介する。

----- 3

茶托

茶托 · *chataku* ／托子 · *takusu*

盛放茶碗的小碟子，多為漆器。主要用於端茶給客人時。

茶碗をのせる受け皿。漆器が多い。主に、客に茶を勧めるときに使う。

----- 4

茶筒

茶筒 · *chazutsu*

保存茶葉用的圓筒形容器，有漆器或金屬製。日本的茶筒密封性佳，能長保茶葉的風味。

茶葉を保存しておく筒型の容器。漆器製や金属製のものがある。日本の茶筒は密閉度が高く、茶葉の風味をしっかり守ってくれる。

----- 5

茶匙

茶匙 · *chasaji* ／茶箕 · *chami (chaki)*

將茶葉從茶筒中舀出的工具，有漆器或金屬製。圖中的茶匙因形狀類似農具畚箕，因此稱為「茶箕」。

茶筒から茶葉をすくうための道具。絵のものは、農具の箕に似た形なので、「茶箕」という。漆器製や金属製のものがある。

----- 6

降溫碗

湯冷まし · *yuzamashi*

顧名思義，用於使熱水降溫的容器。據說沖泡煎茶（98頁）時最適合的水溫為80度，因此可先將熱水倒進容器降溫後，再注入茶壺。

その名の通り、湯を冷ますための器。煎茶（98頁）は約80度の湯で淹れるのが最適といわれ、熱湯をこれに入れて、少し冷ましてから急須に注ぐ。

抹茶茶碗

抹茶茶碗 · *matcha-jawan*

喝抹茶用的容器。將抹茶放入碗內，注入熱水，再用茶刷（123頁）攪拌。尺寸比煎茶的茶碗（120頁）大。

抹茶を飲むための器。この器のなかに抹茶を入れて湯を注ぎ、茶筅（123頁）を振って茶をかき混ぜる。煎茶の茶碗（120頁）よりも大ぶりになる。

茶棗

薄茶器 · *usuchaki* ／棗 · *natsume*

裝抹茶用的容器，會使用茶杓（123頁）從中將抹茶舀出。形狀大小不一，圖中為最常見的款式。由於形狀像棗子，因此又稱「棗」，已成為抹茶罐的代名詞。

抹茶を入れておく容器。ここから茶杓（123頁）で茶をすくう。さまざまな形や大きさのものがあるが、絵は最も一般的な形。ナツメの実に似ているので「棗（なつめ）」と呼ばれ、薄茶器の代名詞になっている。

茶刷
<small>ちゃせん</small>
茶筅 · *chasen*

攪拌抹茶和熱水的器具，將竹子切割成 80～100 支細條製成。用茶刷攪拌抹茶的
動作，稱為「點茶（茶を点てる）」。

抹茶と湯をかき混ぜるための道具。竹を80～100本ほどに細かく割いてつくる。茶筅で
抹茶を攪拌（かくはん）することを「茶を点（た）てる」という。

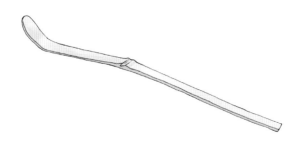

茶杓
<small>ちゃしゃく</small>
茶杓 · *chashaku*

舀抹茶用的匙。一般為竹製，亦有象牙製或木製。通常會放入茶杓專用的筒中收納。

抹茶をすくう匙。竹製が一般的だが、象牙や木製などもある。通常、茶杓は専用の筒に入
れて保管する。

生魚片刀
柳刃·*yanagiba*／正夫·*shobu*

將魚切成生魚片時使用。刀身宛如柳葉或菖蒲葉一樣細長，因而得名。標準刃長為24cm。

魚を刺身に引くときに使う。柳の葉や菖蒲（しょうぶ）の葉のように細身であることから付いた名前。刃渡りは約24cmが標準。

魚刀
出刃·*deba*

切魚肉或雞肉時使用。刀刃較厚且較重，可以切斷骨頭。標準刃長為15cm。

魚や鶏肉の身をおろすときに使う。刃が厚く、重みもあって骨まで切れる。刃渡りは約15cmが標準。

菜刀
菜切·*nakiri*

用於切蔬菜的方形菜刀。刀刃尾端的邊角日語稱為「顎（*ago*）」，圓角者為關東型，方角者為關西型。

野菜を切るときによく使われる、刃の四角い包丁。「あご」と呼ばれる切っ先の反対側の角が、丸いものは関東型、角ばったものは関西型。

研磨缽＆研磨杵
擂り鉢 · *suribachi* ＆ 擂り粉木 · *surikogi*

研磨缽是內側刻有紋路、有分量的缽。將芝麻或豆腐等食材放進缽內，使用研磨杵磨碎。由於日語的「すり（*suri*）」另有「扒手」之意，因此有時為了避諱會改以「当たり（*atari*）」稱之。

擂り鉢は、内側全体に刻み目のある重い鉢。胡麻や豆腐などの食材を入れ、擂り粉木を使って食材をすりつぶす。「お金をする（失くす）」につながる「する」という言葉を嫌って、「当たり」と言い換えることもある。

炒芝麻鍋
胡麻煎り · *gomairi*

附有網蓋與握柄的小鍋。裝入芝麻，置於火上烘烤，便能做出香氣十足的炒芝麻；亦可用於烘烤豆類或銀杏。

網蓋がついた手付きの小鍋。胡麻を入れて火にかけ、こうばしい「煎り胡麻」をつくるのに使うが、豆やぎんなんを煎るときにも便利。

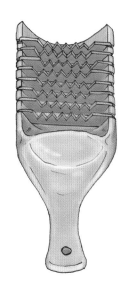

磨泥器
<ruby>鬼<rt>おに</rt></ruby>おろし・*oni-oroshi*

所謂的「おろし（*oroshi*）」是將蔬果磨成泥所使用的工具。一般常用來磨蘿蔔泥，而專門磨粗蘿蔔泥的工具就叫做「鬼おろし」。

「おろし」とは、野菜や果物をすりおろすための器具のこと。大根おろしが一般的だが、大根を荒くすりおろすための専用器具に「鬼おろし」がある。

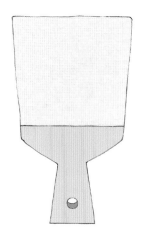

鯊魚皮磨泥器
<ruby>鮫皮<rt>さめかわ</rt></ruby>おろし・*samekawa-oroshi*

表面貼有鯊魚皮，專門用來磨山葵（76頁）的工具。由於鯊魚皮的紋理較細緻，磨出的山葵泥會更柔滑，香氣和辣味也更豐富。

鮫の皮を貼った、山葵（わさび・76頁）をすりおろすための器具。目の細かい鮫皮ですると、なめらかで、香りと辛みがたった山葵になる。

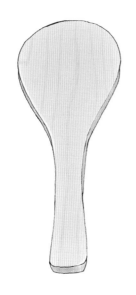

飯勺

杓文字・*shamoji*

盛飯用的工具。古時日語稱為「杓子（*shakushi*）」，但由於宮女習慣在句尾加上「もじ（*moji*）」，後來便漸漸演變為「杓文字」。形狀據說是仿照弁財天手中的琵琶。

ご飯をよそうもの。「杓子（しゃくし）」と呼ばれていたが、宮中に使えた女性が、語尾に「もじ」をつけたことから、「杓文字」というようになった。弁財天が持つ琵琶をかたどった形とされる。

湯勺

玉杓子・*tamajakushi* ／おたま・*otama*

舀湯用的工具。取日語的「玉」字簡稱為「おたま」。因形狀類似蝌蚪（オタマジャクシ，*otamajakushi*）而得名。

汁をすくうための道具。「おたま」は略称。カエルの幼生「オタマジャクシ」は玉杓子が語源となっている。

雪平鍋

ゆきひらなべ
雪平鍋（行平鍋） · *yukihira-nabe*

有 2 個注水口的單手鍋。傳說歌人在原行平（818 ～ 893）要求海女[※]用此鍋將海水煎煮成鹽，因而得名「行平鍋」。原為銅製或陶製，現在多為鋁製。
※ 譯注：以潛水捕魚為業的女性。

2つの注ぎ口がついた片手鍋。歌人・在原行平（818～893）が海女（あま）に塩を焼かせた故事から名前が付いたとされる。本来は銅製や陶製であったが、現在はアルミ製のものが多い。

内蓋

お   ぶた
落とし蓋 · *otoshibuta*

尺寸較小、能整個放進鍋中的木蓋。燉煮食物時使用內蓋，食材比較不容易煮爛，也更能均勻入味。

鍋の中にすっぽり落ち込むサイズの木蓋。煮物をつくるときに落とし蓋を使うと、食材が煮崩れしにくく、味が均一に染みやすくなる。

玉子燒煎鍋
卵焼き器 · *tamagoyaki-ki*

製作玉子燒（37頁）專用的工具。一般為長方形（關西型），但也有正方形（關東型）的。將蛋液倒入鍋中後捲起，反覆數次後即可完成。

だし巻玉子や玉子焼（37頁）をつくるための器具。一般的には縦長の長方形だが（関西型）、正方形もある（関東型）。卵汁を卵焼き器に流し込んで巻く作業を何度もくりかえして、焼き上げる。

蓋飯鍋
親子鍋 · *oyako-nabe*

可製作 1 碗分蓋飯配料的工具，如親子蓋飯（38頁）等。柄朝上，方便直接將配料裝進碗內，蓋在白飯上。

親子丼（38頁）など丼ものの具材を、丼1つ分ずつ調理する器具。柄が上向きについていて、丼のご飯の上にするりと移しやすいのが特徴。

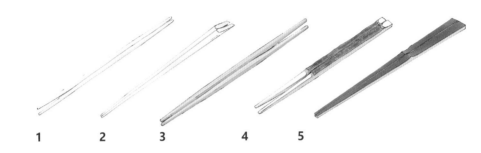

1　2　3　4　5

———1

柳筷

柳箸・*yanagi-bashi*／祝い箸・*iwai-bashi*

用於正月的年菜（136頁）或喜慶宴席上的柳木筷子。在初春最早冒出新芽的樹柳，被認為是一種「芽出たい（*medetai*，音同「可喜可賀」）」的樹。筷子的兩頭都削尖，表示與神明一起用餐（一頭給神明用，一頭給人用）。

正月の祝い膳（136頁）や、祝儀の席で用いられる柳製の箸。柳は新春まっさきに芽吹く「芽出たい（めでたい）」木とされている。神様とともに食事をするという気持ちで両端を細くする（一方が神様用、もう一方が人間用）。

———2

盛盤筷

盛箸・*mori-bashi*

將料理盛盤時用的筷子。尖端削得非常細，方便盛裝時進行細部裝飾。也有金屬製的。

料理の盛り付けに使う箸。箸先が極細に削られているため、細かい盛り付けがしやすい。金属製のものもある。

箸・*hashi*

日本の食卓に欠かせない箸。形や素材などさまざまだが、TPO に合わせて
使い分けている。

3

利休筷
利休箸・*rikyu-bashi*

將兩頭削尖，末端呈方形的筷子。據說是由集茶道大成的千利休（1522～1591）
所發明，主要用於茶道的「懷石」。其中以紅杉木材質的最適合正式場合。

両端を細く削って面取りをした箸。茶道を大成した千利休（1522～1591）が考案したと
され、主に茶道の「懷石」で使われる。赤杉製が正式。

4

烏樟筷
黒文字・*kuromoji*

夾取甜點使用的筷子，以烏樟（クロモジ，*kuromoji*）製成，筷身保留一部分樹皮。
主要用於茶道。有時會附在盛裝甜點的容器旁當作公筷；或是只使用 1 支小型的筷
子，作為切開甜點的竹籤。

クロモジという木の皮を一部残して削った菓子用の箸。主に茶道で使われる。菓子を盛
った器に添えて取り箸として使うものと、菓子を切る楊枝として1本で使う小さなものと
がある。

5

青竹筷
青竹の箸・*aotake no hashi*

用青竹削成的筷子，主要在茶道餐點「懷石」中作為公筷使用。共分三種：竹節在
正中央者，日語稱為「中節（*naka-bushi*）」；竹節在筷尾者，稱為「天節（*ten-bushi*）」；將兩端削尖者，稱為「兩細（*ryoboso*）」。

青竹を削ってつくる箸。主に茶道の料理「懷石」で、取り箸として使われる。竹の節が真
ん中にある「中節（なかぶし）」、天（箸先の反対側）にある「天節（てんぶし）」、両端を細
くした「両細（りょうぼそ）」の三種類がある。

使用筷子的禁忌
嫌い箸　kirai-bashi

日本用餐必備的筷子在使用上有一些禁忌，稱為「嫌い箸（kirai-bashi）」、「忌み箸（imi-bashi）」或「禁じ箸（kinji-bashi）」。以下介紹幾種具代表性的例子。

日本の食事に欠かせない箸の扱いのなかに、してはいけない不作法な扱い方があり、「嫌い箸」もしくは「忌み箸」「禁じ箸」と呼ぶ。ここでは代表的な嫌い箸を紹介する。

挪筷　　寄せ箸・yose-bashi

用筷子移動碗盤。

箸で食器を引き寄せる。

淚筷　　涙箸・namida-bashi

用筷子夾菜時，湯汁從筷子上滴落。

食材を箸で持ち上げたときに、箸の先から汁をポタポタと落とす。

刺筷　　刺し箸・sashi-bashi

將筷子刺進食材。

食べ物を箸に突き刺して食べる。

髒筷　　探り箸・saguri-bashi

將筷子伸進菜餚裡翻來翻去。

料理の中身を探るようにして、箸でかき混ぜる。

疑筷　　迷い箸・mayoi-bashi

不知該夾哪道菜，而拿著筷子在空中揮來揮去。

どの料理から食べようかと迷って、箸を宙であちこち動かす。

吸筷　　ねぶり箸・neburi-bashi

舔舐沾在筷子上的菜餚。

箸についたものを舐（な）めとる。

渡筷　　箸渡し・hashi-watashi

彼此用筷子傳接食物。

箸で挟んだ食べ物を、他人の箸へ受け渡す。

傳統節慶

正月（1月）

日本稱1月為「正月」，象徵一年的初始。正月時，人們會放下平常的工作，家家戶戶迎接歲神的到來，祈求新的一年能夠幸福、健康。

門松
門松 *kadomatsu*

放在家門前的松樹擺飾。不會枯黃的常綠松樹象徵生命力與繁榮，傳說歲神會降臨在松樹上。日本各地的門松形狀各有不同。

家々の門（もん＝かど）に立てる松の飾り。枯れることがない常緑の松は生命力や繁栄を象徴し、歳神はその松に降りて来るという。門松の形は地方によって異なる。

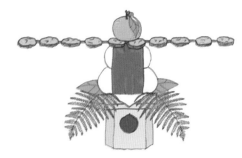

鏡餅
鏡餅 *kagami-mochi*

將圓麻糬、苦橙及裏白※裝飾於名為「三方」的臺座上，用以祭神。「鏡餅」的名稱由來，是因為圓形的麻糬形似祭祀用的圓鏡。而這種祭祀歲神的麻糬一般會在1月11日取下，全家人一起享用，日語稱為「鏡開き（*kagami-biraki*）」。
※ 編注：裏白科常綠多年生的蕨類植物。

三方（さんぼう）という台の上に、丸餅と橙（だいだい）、裏白などを飾ったもの。神事の鏡と丸い餅が似ていることからのネーミング。歳神にお供えした餅は、1月11日に下げて家族一緒にいただく。これを「鏡開き」という。

正月 · *shogatsu*

1年の始まりの月という意味で1月を「正月」ともいう。常の仕事を休んで、各家に歳神様（としがみさま）を迎え、1年の幸運と健康を祈る。

關西型
（関西型，*Kansai-kata*）

關東型
（関東型，*Kanto-kata*）

伊勢型
（伊勢型，*Ise-kata*）

注連繩裝飾

注連飾り · *shime-kazari*

在稻草製成的注連繩上，加上裏白、苦橙等吉祥的裝飾物。注連繩原為區隔聖域與俗世的界線，常見於神社。正月時會裝飾在家門口，表示神明降臨此戶人家。

稲藁でつくった注連縄に、裏白や橙などの縁起物をつけたもの。本来、注連縄は神様のいる聖域と俗界との境を示すもので、神社でよく見かける。正月は家の玄関に飾って、神様がなかにいることを示す。

三種吉祥菜

祝い肴三種　*iwai-zakana sanshu*／三つ肴　*mitsu-zakana*

一般指「黑豆」、「鯡魚卵」與「小魚乾」。黑豆象徵健康，鯡魚卵象徵子孫滿堂，而小魚乾古時作為田裡的肥料使用，因此又稱「田作り（*tazukuri*）」，象徵五穀豐收。在正月會享用這3種吉祥菜，祈求新的一年身體健康、子孫滿堂、五穀豐收。

一般に、黒豆・数の子（ニシンの卵巣）・ごまめ（干したカタクチイワシ）を指す。黒豆の「まめ」は健康を意味する言葉、ニシンの卵は子孫繁栄を表す。田んぼの肥料にしていたため「田作り」の別名もあるごまめは、五穀豊穣に通じる。この3つを食して、1年の健康・子孫繁栄・五穀豊穣を祈る。

年菜

御節料理　*osechi-ryori*／祝い重　*iwaiju*

使用三種吉祥菜、鯛魚、蝦、慈姑等好兆頭的食材製成的正月料理，一般會盛裝在日語稱為「重箱（*junbako*）」的多層餐盒中，象徵好運連連。古時原稱「御節供料理（ごせっく料理，*gosekku-ryori*）」，指在一年五大節時供奉神明後由一家人享用的料理。

祝い肴や鯛・海老・くわいなど縁起のよい食材を使った、正月の料理を「御節料理」と呼ぶ。「めでたさを重ねる」という意味で重箱（じゅうばこ）に入れる。本来、五節句の際に神様にお供えして、家族もいただく料理を「御節供（ごせっく）料理」といった。

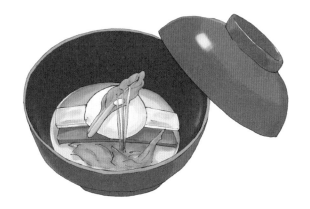

年糕湯
雑煮 *zoni*

以麻糬為主要食材的湯品，一般在正月食用。原為供奉歲神的大雜燴料理。麻糬的形狀、食材、湯頭，在日本各地各有特色。

正月に食べる、餅をメインにした汁物。本来は歳神にお供えしたいろいろな食材を煮たものだった。餅の形、食材、汁の種類は地方によって特色がある。

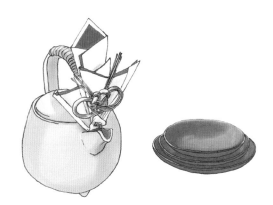

屠蘇酒
屠蘇酒 *tososhu*

將屠蘇散（含有山椒、桔梗根、肉桂等藥材的中藥）浸泡在日本酒或味醂中製成的藥酒。具有祈求長壽的涵義。有些地方習慣從年紀小的晚輩開始喝，意味著將年輕活力分送給長者。

屠蘇散（山椒、桔梗の根、肉桂などの生薬を配合したもの）を日本酒やみりんに浸した薬酒。長寿を願っていただく。年少者から順に飲む習いもあり、若い気を年長者に分ける意味がある。

人日節（1月7日）

日本在季節轉換時有不同的傳統節日，祈求無病無災、闔家平安。而人日、上巳（3月3日）、端午（5月5日）、七夕（7月7日）、重陽（9月9日），這5個重要的節日合稱為「五節句」。

七草粥
七草粥（ななくさがゆ）· *nanakusagayu*

加入 7 種初春冒出新芽的植物所熬煮的粥，在人日節食用，以祈求一年無病無災。七草的種類可能因地方而異，但大多為右頁的七種植物。古時會在 6 日晚上或 7 日一早將七草放在砧板上，一邊唱誦歌謠，一邊將其切碎，日語稱為「七草叩き（*nanakusa-tataki*）」。

7種類の若菜を入れた粥。1年の無病息災を祈るため、人日（じんじつ）の節句に食べる。7種は地方によって異なるが、右頁の七草を入れるところが多い。昔は6日の夜もしくは7日の早朝に、七草を俎板（まないた）の上にのせ、言葉をはやしながら包丁で刻んだ。これを「七草叩き」という。

人日の節句 · *jinjitsu no sekku*

日本には、季節の変わり目に無病息災と家内安全を祈る行事（節句）がある。人日、上巳（3月3日）、端午（5月5日）、七夕（7月7日）、重陽（9月9日）の5つを「五節句（ごせっく）」という。

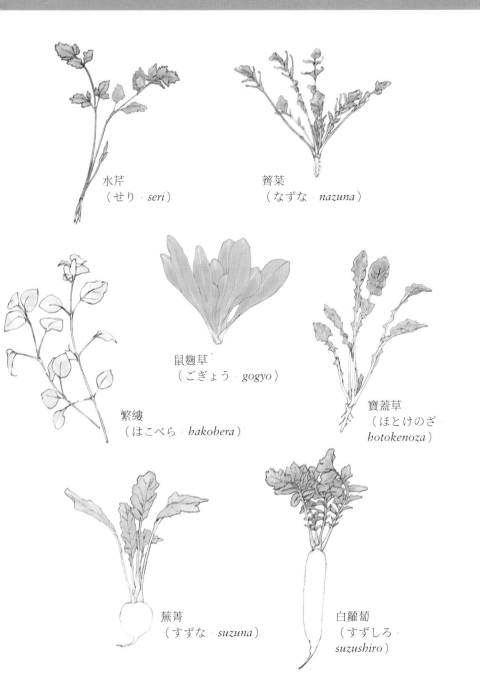

水芹
（せり · *seri*）

薺菜
（なずな · *nazuna*）

鼠麹草
（ごぎょう · *gogyo*）

繁縷
（はこべら · *hakobera*）

寶蓋草
（ほとけのざ ·
hotokenoza）

蕪菁
（すずな · *suzuna*）

白蘿蔔
（すずしろ ·
suzushiro）

節分（2月3日左右）

節分原指季節的分界，也就是「立春、立夏、立秋、立冬」的前一天，現在則將立春的前一天稱為「節分」，並在這天進行趨吉避凶的儀式。

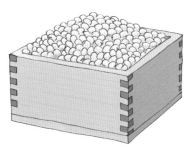

撒豆子

豆まき · *mamemaki*

追儺 · *tsuina* ／鬼やらい · *oni-yarai*

一邊喊著「鬼在外、福在內」，一邊在家中四處撒黃豆，以驅除象徵災厄的「鬼」的習俗。事先放在枡裡祭祀過神明的黃豆，稱為「福豆」。撒完豆後，要吃下與自己歲數相同數量的黃豆，祈求平安。

「鬼は外」「福は内」と唱えながら、家の各所に豆をまき、災いの象徴・鬼を追い払う行事。本来は事前に枡に盛って、神様にお供えした「福豆」を使う。まき終えたら、自分の年の数だけ豆を食べて息災を願う。

惠方卷

恵方巻き · *eho-maki*

在節分當天食用的粗壽司卷（67頁），祈求生意興隆、無病無災。朝著該年的「惠方（歲德神所在的方位）」許願，同時安靜地吃完一整條惠方卷，此習俗近年已普及全日本。

節分の日に食べて商売繁盛や無病息災を祈る太巻き寿司（67頁）。その年の恵方（歳徳神が居る方角）を向いて、願い事をしながら、黙ったまま一本を食べつくす。近年、全国的に広がっている。

節分 · *setsubun*

節分とは本来、季節の変わり目「立春・立夏・立秋・立冬」の前日をいうが、現在は立春の前日を「節分」と称して厄払いをする。

柊枝魚頭
柊鰯 · *hiiragi-iwashi*

將烤過的沙丁魚頭插在柊樹枝上製成的擺飾。傳說鬼（災厄）討厭沙丁魚的腥味和柊樹葉的尖刺，因此掛在家門口可以趨吉避凶。

焼いた鰯の頭を、柊の小枝に刺したもの。これを家の戸口に飾ると、鰯の強い臭いと柊の葉の棘を嫌って、鬼（災い）が入ってこないとされる。

上巳節／桃花節／女兒節（3月3日）

祈求女孩平安成長的節日，當天會擺設女兒節人偶、吃應景的食物。
現今為人熟知的習俗，是結合了古時將紙人（人形，*hitogata*）放進
河裡以清淨身心的風俗與貴族女孩玩的人偶所形成的。

蛤蜊湯

蛤のお吸い物・*hamaguri no osuimono*

使用春天當季食材——蛤蜊製成的日式清湯。祈求女孩能遇見一個好丈夫，兩人就像2片貝殼一樣終身相守。

春の食材・蛤を使った澄まし汁。2枚の貝殻のように、一生添い遂げる夫と出会えることを願っていただく。

菱餅

菱餅・*hishi-mochi*

將粉紅色、白色、綠色的麻糬疊起並切成菱形的甜點。菱這種植物象徵子孫滿堂；白色為雪，象徵潔白無瑕；粉紅色為桃花，可趨吉避凶；綠色為新芽，代表健康。

桃色・白・緑の餅を菱形にして重ねたもの。菱は子孫繁栄を象徴する。白は雪で清浄を、桃色は桃の花で魔除けを、緑は新緑で健康を表す。

雛米果

ひなあられ・*hina-arare*

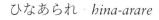

將米或豆類炒熟，染成粉紅色、白色、綠色，再撒上砂糖的甜點。關西的米果通常為醬油口味或鹽味。

米もしくは豆を炒って、桃色・白・緑などに着色し、砂糖をまぶしたお菓子。関西では醤油味や塩味のあられが一般的。

上巳の節句・*joshi no sekku*
桃の節句・*momo no sekku* ／雛祭り・*hina-matsuri*

雛人形を飾ったり、縁起物を食べたりして、女の子の成長を願う行事。人形（ひとがた）を川に流して心身を祓い清める風習や、貴族の娘の人形遊びなどが合流して、現在のかたちになった。

---1

犬筥
犬筥・*inubako* ／御伽犬・*otogi-inu*

附蓋的陶器擺飾，形狀為雌雄成對的狗。與女兒節人偶一同擺設，象徵多產與安產，過去也是一種祈求女子幸福的陪嫁品。

雌雄一対の犬の蓋物。安産かつ多産とされる犬にあやかって、雛人形などといっしょに飾る。女の子の幸せを祈る嫁入り道具の一つでもあった。

---2

燭臺
雪洞・*bombori*

古時的燭臺，周圍以絹或紙包覆，因能朦朧地（ぼんやり，*bonyari*）透出景物而得名。通常與女兒節人偶一同擺設。

絹や紙を張った覆いのある、昔の蝋燭（ろうそく）立て。ものが透けてぼんやり見えることからのネーミング。雛人形といっしょに飾る。

端午節／兒童節（5月5日）

慶祝男孩成長的節日，當天會擺設頭盔等武裝、吃應景的甜點。原本的習俗是懸掛菖蒲或艾草趨吉避凶，而日語中的「菖蒲」音近「尚武」，因此演變為男孩的節日。

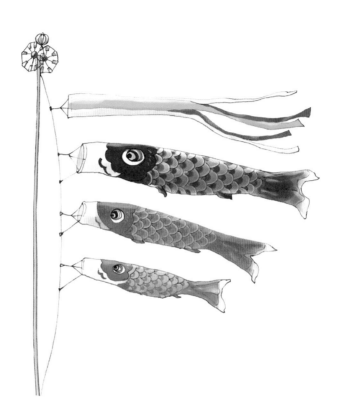

鯉魚旗

鯉のぼり · *koi-nobori*

用布或紙做成鯉魚形狀的掛旗。傳說鯉魚躍過龍門之後會化身為龍，因此成為飛黃騰達的象徵。旗竿頂掛的 5 色風向袋稱為「吹流」，可守護鯉魚，消災解厄。

鯉を模した布や紙をつけたのぼり旗。急流の滝を登った鯉が龍になったという故事「龍門（りゅうもん）」から、鯉は立身出世の象徴とされる。のぼりの天辺にある5色の「吹流し」は、鯉を守る厄除けとなっている。

144

兜などの武具を飾ったり、お菓子を食べたりして、男の子の成長を祝う行事。菖蒲や蓬を飾って穢れを祓うのが本来のならわし。菖蒲と「尚武」の語呂合わせから、男の子の行事となった。

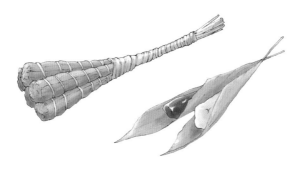

粽子
粽・*chimaki*

用竹葉包裹麻糬或葛粉團後蒸製的甜點。古時武士上戰場時，會攜帶以竹葉包裹的米飯為糧食，後演變為端午節的甜點。

餅や葛生地などを笹の葉でくるんで蒸した菓子。笹の葉に包んだご飯は、戦場へ行く武士の携帯食だったことから、端午の節句菓子になった。

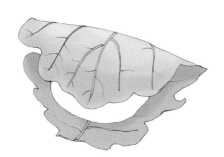

柏餅
柏餅・*kashiwa-mochi*

以 1 片柏葉包裹豆餡麻糬製成的甜點。柏樹被視為一種神聖的樹木，新葉長出後，老葉才會凋落，藉以祈求父母能呵護孩子順利成長。

餡入りの餅を柏の葉1枚ではさんだ菓子。柏は神聖な木とされ、新葉が出るまで古い葉が落ちないことから、親が子の無事を見届けられるようにという願いを託して食べる。

端午節（5月5日）

傳統節慶

145

夏季解厄（6 月 30 日）

日本每年有 2 次消災解厄的法事，以清除累積半年的穢氣。一次是除夕的「大祓（*oharae*）」，一次是這裡介紹的「夏季解危」。

過茅草圈

茅の輪くぐり・*chinowa kuguri*

在神社內設置以茅草編製的大型茅草圈，讓民眾鑽過茅草圈以驅除災厄的習俗。民眾必須遵循規定，以畫 8 字的方式鑽過。有些神社會舉辦將紙人（形代，*katashiro*）放入河中的活動，作為夏季解厄儀式。

茅草（かやぐさ）でつくった大きな輪を神社の境内に立て、それをくぐることで穢れを祓う行事。くぐり方に作法があり、参詣者は 8 の字を描くように茅の輪をくぐる。紙でつくった形代（かたしろ）を川に流して「夏越しの祓」とする神社もある。

夏越しの祓 · *nagoshi no harae*

日本には、半年間で溜まった穢れを清める行事が1年に2度ある。大晦日の「大祓（おおはらえ）」と、ここで紹介する「夏越しの祓」である。

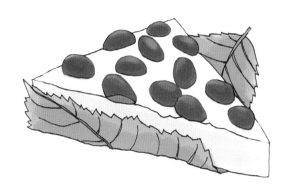

夏季解厄（6月30日）

水無月

水無月（みなづき）· *minazuki*

在三角形的「外郎」※表面撒上紅豆的甜點，一般在夏季解厄時食用，祈求無病無災。紅豆可解厄，三角形則代表冰，具有消暑的涵義。據說起源是因為古時宮中有在陰曆6月1日吃冰的習俗，後來庶民也仿效此舉，製作像冰一般的甜點。
※ 譯注：將米粉、糖與熱水拌勻後蒸製的甜點。

三角形の外郎（ういろう）に小豆を散らした菓子。夏越しの祓に無病息災を願って食べるが、小豆は厄除け、三角形は氷を表し、暑気払いの意味もある。かつて宮中では旧暦6月1日に氷を食べる風習があり、庶民がそれにならって氷を模した菓子をつくったのが始まりといわれる。

傳統節慶

147

七夕（7月7日）

牛郎與織女只能在7月7日相會，而七夕正是基於此傳說的節日。據說是中國古時祈求裁縫技術或技藝進步的習俗，加上日本透過織布迎接祖先的「棚機（*tanabata*）」習俗，兩者結合後演變而來。

竹葉掛飾
笹飾り *sasa-kazari*
（ささかざ）

在紙條上寫下願望，再綁在竹枝上的習俗，表示希望紙條上的心願能透過筆直生長的竹子直達天庭。古時是用芋芳葉子上的露水磨墨，將心願寫在構樹的葉上。

願い事を書いた短冊を、笹竹に結ぶ風習。まっすぐ伸びる竹にのって、短冊の願い事が天に届くようにという意味がある。昔は、芋の葉におりた露で墨をすって、梶の葉に願い事を書いた。

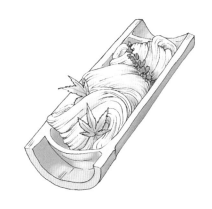

麵線
素麺 (そうめん) *somen*

七夕習慣享用冷麵線以消去暑意。據說古代中國習慣吃一種名為「索餅」（一般認為是麵線的前身）的點心來驅除熱病，後來流傳至日本。

七夕には冷たい素麺を食べて暑さをしのぐ。古代中国で、熱病除けに索餅（さくべい）という菓子（素麺の元祖とされる）を食べる風習が伝わったともいわれる。

七夕（7月7日）

五色線
願いの糸 (ねがいのいと) *negai no ito* ／五色の麻苧 (ごしきのあさお) *goshiki no asao*

在七夕時用於裝飾的5色線。藍、紅、黃、白、黑這5種顏色，據說源自於中國的五行思想（認為宇宙是由5種物質構成）。線具有祈求裁縫技術進步的涵義。

七夕に飾る5色の糸。青、赤、黄、白、黒の5色は中国の五行（ごぎょう）説（宇宙を五つのものにあてはめて考える思想）が基になっている。糸は裁縫の上達を願った時代のなごり。

傳統節慶

盂蘭盆節／盂蘭盆會（陰曆 7 月 15 日左右）

供養祖先之靈的佛教習俗。本應為陰曆7月15日左右，但日本大多地區都在陽曆8月舉行。在日本，每年此時都有連假，稱為「盂蘭盆節假期（お盆休み，*obon-yasumi*）」。

迎火
迎え火・*mukaebi*

依照習俗，在 13 日傍晚迎接祖先的靈魂，與祖先共度 14 日、15 日，於 16 日送走祖先。13 日會燃燒乾燥的苧麻莖「苧殼」作為「迎火」，而 16 日的傍晚則會焚燒「送火」，替祖先照亮歸路。京都的「大文字」正是大規模的送火儀式。

先祖の霊は13日の夕方に迎え、14日と15日をともに過ごし、16日に見送る。13日は苧殻（おがら・麻の茎を干したもの）を燃やして「迎え火」とし、16日の夕方に「送り火」を焚いて帰路をてらす。京都の「大文字」はこの送り火を大規模にした行事である。

お盆・*obon*／盂蘭盆会・*urabone*

先祖の霊を迎えて供養する仏教の行事。旧暦 7 月 15 日前後の行事だが、新暦にあてはめて 8 月に行う地域が多い。日本の社会には「お盆休み」という休暇がある。

精靈馬
精霊馬・*shoryo-uma*
<small>しょうりょううま</small>

供奉祖先的夏季蔬菜，將小黃瓜視為馬、茄子視為牛，四隻腳以苧麻莖製成。人們相信祖先的靈魂會騎著馬，並用牛拖著行李回來。

きゅうりを馬に、茄子を牛に見立てた夏野菜のお供えもの。4 つの足は苧殻でつくる。先祖の霊は馬に乗り、牛に荷物を載せてくるといわれる。

素食
精進料理・*shojin-ryori*
<small>しょうじんりょうり</small>

只使用植物性食材製作的蔬食料理。高湯也不使用柴魚，而改以昆布等食材熬製。在盂蘭盆節期間，人們會用素食的餐點供奉祖先。

植物性の食材だけを使った料理。ダシも鰹節ではなく昆布などを用いる。お盆期間は、先祖の霊をもてなすために精進料理を供える。

盂蘭盆節（陰暦 7 月 15 日左右）

傳統節慶

151

十五夜賞月／中秋節／芋名月（陰曆 8 月 15 日）

根據月亮圓缺制定的陰曆，每到 15 日必定為滿月，日語稱之為「十五夜の月（jugoya no tsuki）」。而這個時期由於空氣清澈，滿月格外美麗，人們會一邊賞月，一邊感謝秋季的豐收。

十五夜の月見 · *jugoya no tsukimi*
中秋の名月 · *chushu no meigetsu* ／芋名月 · *imomeigetsu*

月の満ち欠けに基づく旧暦では 15 日の月は必ず満月になり、「十五夜の月」という。この時期の「十五夜の月」は、空気が澄んでいるので特に美しく、月を愛でながら秋の実りに感謝する。

賞月擺飾

月見飾り · *tsukimi-kazari*
（つき み かざ）

日本習慣在賞月的地方擺設供品，包括放在名為「三方」的臺座上的 15 顆月見糰子以及芒草，用以感謝大地，祈求明年的豐收。糰子表示滿月，芒草的花穗則能讓神明降臨其中。有時也會供奉芋芳、栗子等秋天的產物，因此也稱為「芋名月」。

月見をする場所には、三方（さんぼう）という台にのせた15個の月見団子と薄（すすき）を供えて、大地の恵みに感謝し、来年の豊作を祈る。月見団子は十五夜の満月を表し、薄の穂は神様がおりてくる依代（よりしろ）となっている。里芋・栗など秋の産物をいっしょに供えることがあるので、「芋名月」ともいう。

重陽節（9月9日）

用象徵長壽的菊花祈求長命百歲的傳統節日。在中國的陰陽觀中，奇數屬「陽」，而9是其中最大的數字，因此兩個「陽」重疊的9月9日，便被視為極陽之日。

茱萸袋
茱萸袋（ぐみぶくろ）・*gumi-bukuro*

裝有藥用茱萸果實與菊花的紅色布袋。將之隨身攜帶或掛在家中梁柱，可消災解厄。有的茱萸袋會在袋口插上茱萸花與菊花。

薬用の茱萸（ぐみ）の実と菊を入れた赤い袋。身につけたり、家の柱に掛けて、厄除けにする。袋の口に茱萸と菊の花をさした茱萸袋もある。

菊香棉
菊の被綿（きくのきせわた）・*kiku no kisewata*

於9月8日夜裡，放在菊花上吸收其露水與香味的蠶絲棉。9日早上用此蠶絲棉來擦拭身體，祈求美麗、健康。

9月8日の夜に、菊の花の上に真綿（絹糸）を被せ、夜露と菊の香りをしみ込ませたもの。9日朝にその真綿で体を拭いて美と健康を祈る。

菊花酒
菊酒 · *kiku-zake*

用菊花花瓣泡的酒，祈求無病無災、長生不老。據說平安時代，宮中的人習慣一邊賞菊，一邊吟詠詩歌，並飲用菊花酒。

菊の花びらを浸した酒。無病息災・不老長寿を願っていただく。平安時代の宮中では、菊を鑑賞し、詩歌を詠みながら菊酒を飲んだという。

栗子飯
栗ご飯 · *kuri-gohan*

重陽節在日本又稱為栗子節，習慣享用加入栗子一起炊煮的飯。有時也會加入一種名為「もってのほか（*mottenohoka*）」的食用菊花。

重陽の節句は栗の節句ともいわれ、旬の栗を混ぜ込んだご飯をいただく。「もってのほか」と呼ばれる食用菊も使われる。

除夕（12月31日）

在 12 月 31 日這天，人們會大掃除以迎接新年，也會吃象徵長壽的蕎麥麵。在新年即將到來的時刻，寺院會撞鐘，一掃一年來的煩憂，迎接嶄新的一年。

跨年蕎麥麵

年越し蕎麦・*toshikoshi-soba* ／つごもり蕎麦・*tugomori-soba*

除夕夜吃的蕎麥麵。名稱由來眾說紛紜，常見的說法包括以細長的蕎麥麵象徵長壽，或是由於蕎麥麵容易斷，因此象徵斬斷一年的壞運，好迎接新年。

大晦日の夜に食べる蕎麦のこと。その由来には諸説があるが、「細く長い」蕎麦にあやかって、長寿を願って食べる、切れやすい蕎麦にあやかってその年の悪いことを断ち切って新年を迎える、などの説が聞かれる。

白朮祭

おけら詣り・*okera-mairi*

京都八坂神社於每年除夕舉辦的祭典。民眾可用白朮製作的繩子點神火（用點火杵與點火臼摩擦生火後，供奉在神前的火）帶回家。相傳用神火烹煮年糕湯（137頁）等年菜，可驅除邪氣，保佑新的一年無病無災。

おけらでつくった縄に、神火（火きり臼と火きり杵で切り出し、神前に捧げた火）をいただいて持ち帰る、京都八坂神社の大晦日の行事。その火を使って、新年の雑煮（137頁）などを調理すると邪気が祓われ、新しい年を無病息災に過ごせるといわれている。

和服

和服各部位名稱

和服有固定的標準尺寸，女性和服一般使用寬約 37cm、長約 12m 的布料（着尺，*kijaku*），以直線剪裁成各部位所需的大小後，再組合縫製而成。

半襟（半衿）
→ p.179

腰帶撐（帶揚げ）
→ p.176

腰帶（帶）
→ p.172

腰帶繩（帶締め）
→ p.176

分趾襪（足袋）
→ p.181

草履（ぞうり）
→ p.182

___1

襟

衿・*eri*

和服的衣襟為右下左上，稱為「右前」。

着物の衿は、右→左の順に重ねる。これを「右前」という。

着物の各部名称 · *kimono no kakubumeisho*

着物の形は決まっていて、女性用で幅約 37㎝、長さ約 12 mの長い布（着尺／きじゃく）を各パーツに直線裁ちしたものを組み合わせてつくられる。

―――― 2

裝飾襟

重ね衿 · *kasane-eri* ／伊達衿 · *date-eri*

覆蓋在「半襟」（179 頁）上的裝飾布料，穿著正式禮服或喜慶場合時使用。

半衿（179頁）の上に重ねる色柄付きの布。礼装や晴れ着の際に用いる。

―――― 3

袖

袖 · *sode*

一般和服的袖長約為 49cm。袖子比這更長的和服，稱為「振袖」（165 頁）。

一般的な袖丈は約49㎝。それより長い着物を「振袖」（165頁）という。

―――― 4

袂

袂 · *tamoto*

和服袖子垂下的部分，呈袋狀。

袖の垂れ下がった部分のことで、袋状になっている。

―――― 5

端折

おはしょり · *ohashori*

將和服過長的布料反折於腰間的部分，也用以指稱反折的動作。一般會先繫上綁帶，再調整反折處的長度。在江戶時代之前無此習慣。

自分の着丈より長く余った分を、腰の辺りでたくし上げること。もしくはその部分。紐で締めて、長さを調節する。江戸時代頃まで、おはしょりをつくる風習はなかった。

―――― 6

下襬

裾 · *suso*

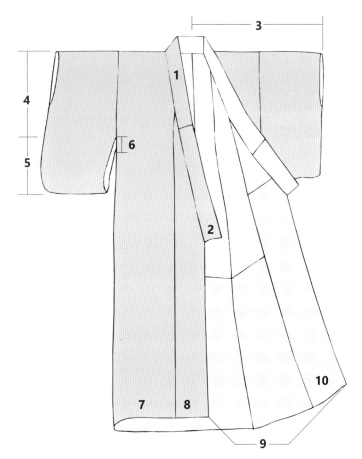

掛襟　掛衿・*kake-eri* ／共衿・*tomo-eri*

在和服的衣襟上覆蓋另一塊布，避免衣襟弄髒。現在一般會事先縫上與和服相同布料的掛襟，因此也稱為「共襟」。

着物の衿部分に別の布を掛けて、衿汚れを防いだもの。現在は、着物と同じ布をつけて仕立てるので「共衿」ともいう。

掛襟下襬　衿先・*eri-saki*

袖長　裄・*yuki*

從背部中央到袖口的長度。

背中の中心から、袖口までの長さ。

____4
袖管　袖付 · *sode-tsuke*
そでつけ

袖子與和服衣身相連的部分。

袖部分のうち、身頃（みごろ）に縫い付けられている部分。

____5
袖襴　振り · *furi*
ふ

袖子與和服衣身分開、垂下的部分。

袖部分のうち、身頃に縫い付けられず、離れている部分。

____6
袖管開口　身八つ口 · *miyatsuguchi*
み や ぐち

袖管下方靠衣身的開口處。

袖付の下の、身頃側の開口部。

____7
前片　前身頃 · *maemigoro*
まえ み ごろ

和服衣身正面袖與衽之間的部分。背面的相同部分日語稱為「後身頃（*ushiromigoro*）」。

体の前面にくる袖と衽の間部分。背面を「後ろ身頃」と呼ぶ。

____8
衽　衽 · *okumi*
おくみ

前片與衣襟相連的部分，寬約前片的一半。

前身頃と衿につながる半幅の部分。

____9
衣襟下襴　褄 · *tsuma* ／褄先 · *tsuma-saki*
つま　　　　つまさき

和服兩片衣襟的下端稱為「褄」，最下方的邊緣部分稱為「褄先」。

着物の両端の衿下あたりを「褄」、その最下方を「褄先」という。

____10
內襯　八掛 · *hakkake* ／裾回し · *suso-mawashi*
はっかけ　　　　　　すそまわ

縫在和服身體到下襴的內襯。由於縫合在和服的八個位置，因此日語稱為「八掛」。

着物の胴から裾にかけてつける裏地。「八掛（はっかけ）」の語源は、着物の八箇所につけることから。

和服的種類

製作和服的布料依製法分為「染物」與「織物」，款式多樣，配合時間、地點、場合挑選。不同季節也有不同厚度的布料，分為有內裡的「袷」、無內裡的「單衣」、材質薄透的「薄物」。

留袖

とめそで
留袖 · *tomesode*

上半身為素色，花紋只出現在下襬的和服。底色為黑色者稱為「黑留袖」，底色為其他顏色者稱為「色留袖」。飾有 5 個家紋的黑留袖，是婚禮上新人的母親或親戚穿著的正式禮服；飾有 1 個或 3 個家紋的色留袖，則是賓客穿著的準禮服。

上半身は無地で、裾に模様が入った着物。地色が黒のものを「黒留袖」、黒以外のものを「色留袖」という。紋を5つつけた黒留袖は、結婚式で新郎新婦の母や親族が着る第一礼装。色留袖は一つ紋か三つ紋をつけて、準礼装にする。

着物の種類 · *kimono no shurui*

着物の着尺（きじゃく）には染物と織物がある。それぞれに多様で、TPO
に合わせて着分ける。季節によっても異なり、袷（あわせ）、単衣（ひと
え）、薄物（うすもの）がある。

振袖

振袖 · *furisode*

未婚女性的正式禮服，袖長 1m 以上，樣式大多鮮艷、華麗。現代常於成年禮或畢
業典禮時穿著。

袖丈を1m以上の長さにした未婚女性の第一礼装。華やかな柄物が多く、現在では成人式
や卒業式によく着られる。

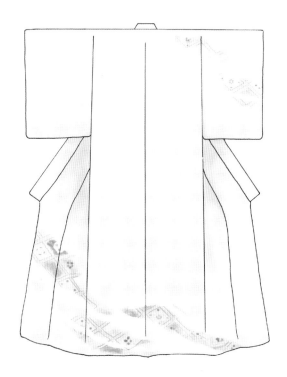

訪問服

ほうもん ぎ
訪問着 · *homongi*

整體有花紋的華麗和服。製作時，先將純白的布料剪裁成各部位，簡單縫合之後，才加上花紋，因此接縫之間的圖案皆連續不中斷；這樣的花紋稱為「繪羽模樣」。即使不具家紋也是準禮服，正式程度僅次於「留袖」（164頁）。

着物全体に柄が入った華やかな着物。白生地を裁断して仮仕立てをしてから模様付けをする「絵羽（えば）模様」なので、各パーツの模様が縫い目で途切れず連続しているのが特徴。紋をつけなくても準礼装になり、留袖（164頁）の次に格が高い。

付下
付け下げ · *tsukesage*

左右兩側的衣身或肩膀、袖子部分有花紋的和服，是將「訪問服」（166 頁）簡化後誕生的小禮服。不一定是在縫合後才加上花紋，因此有時圖案不相連。

左右の身頃（みごろ）や肩、袖などに模様が入った着物。模様付けをする前に仮仕立てをしないため、模様が連続しないことがある。訪問着の略式として誕生したため、略礼装となる。

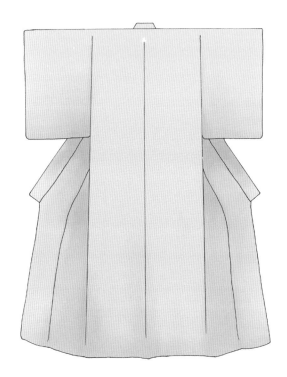

素色和服
色無地 · *iromuji*
いろむじ

以帶有紋路的布料,或染成素色的無紋路布料製成的和服。屬於禮服之一,但正式程度會隨家紋的數量及搭配的腰帶(172 頁)、裝飾品(176 頁)而異。較為樸素低調,適合茶會等場合穿著。

地紋がある、もしくは地紋のない生地を一色で染めた着物。礼装になるが、紋の数や合わせる帯(172頁)・小物(176頁)によって格が変わる。控えめな装いのため、茶会の着物として好まれている。

碎花紋和服

小紋 · *komon*
（こ もん）

使用型紙，在和服布料上印染出細緻花紋的和服。有植物或幾何圖形等各式花紋。
一般為外出服，並不適合作為禮服。

型紙を使って着尺（きじゃく）全体に細かい模様が染められた着物。植物模様や幾何学的
な模様もある。一般的な小紋は外出着で、礼装向きではない。

絣織和服

絣 · *kasuri*
（かすり）

以「絣糸」※ 作為經紗、緯紗或兩者所織成的布料製作而成的和服，或指這種花紋。花紋除了幾何圖形外，也有組合成圖畫的「繪絣」。因為線的顏色看起來斷斷續續的，便取「かすれる（*kasureru*）」這個動詞的發音為名。
※ 譯注：為織出花紋而經過部分染色的線。

経糸か緯糸、もしくはその両方を部分的に染めた「絣糸」を使って織った着尺（きじゃく）による着物。もしくはその模様のことをいう。柄は幾何学的なものから、絵を表す「絵絣」もある。糸の色がかすれて見えることから名が付いた。

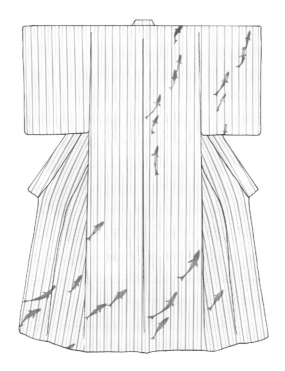

浴衣

浴衣・*yukata*

棉質、使用型紙印染花紋的夏季和服。現在多為人造纖維材質。日語名稱源自「湯帷子（*yukatabira*）」，「帷子」指的是沒有內襯的和服。江戶時代流行在沐浴後穿著，因而得名。

夏に着る木綿製、型染の着物。現在は化繊のものも多い。その語源は「湯帷子（ゆかたびら）」で、帷子は裏地のない着物のこと。江戸時代に風呂の湯上り着として流行したことからのネーミング。

腰帶的種類

「帶（*obi*）」是在和服最外層、繫在腰間的細長布料。一般的和服腰帶寬約 30cm，長度則依種類而異。依據和服的正式程度、色調等條件挑選腰帶，是穿著和服的重要關鍵。

1

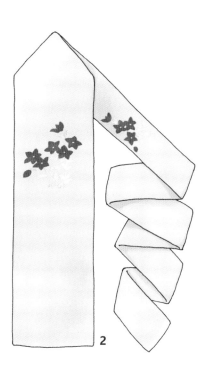
2

3

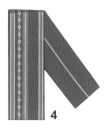
4

帯の種類 · *obi no shurui*

帯とは、着物の上から腰に巻いて結ぶ細長い布のこと。通常の帯幅は30cm
程度で、長さは種類によって異なる。着物の格と色合いなどを考えながら
帯を選ぶことが、和装の要となる。

____
1

袋帯　袋帯 · *fukuro-obi*

穿著作為正式禮服或準禮服用的和服時使用，綁成「二重太鼓」（174 頁）等變化形
式的正式腰帶。過去的形式呈筒狀，因像袋子一樣而得名，現在一般則是將表裡兩
層布料縫合。

礼装、準礼装などの着物に締めて、二重太鼓（太鼓結び・174頁）や変わり結びにする格
の高い帯。袋のように筒型に織られたことから名が付いたが、現在は表地と裏地とが袋状
に縫い合わされている。

____
2

名古屋帯　名古屋帯 · *nagoya-obi*

打太鼓結（一重太鼓）結時使用的腰帶，比袋帶短 70cm 左右。一般會先將腰帶的
一端和纏繞身體的部分對折，以便打結。據說發源自名古屋。

太鼓結び（一重太鼓）にするための帯。袋帯より70cmほど短い。手先（帯の端）と胴に巻
く部分をあらかじめ半分に折って結びやすくした「名古屋仕立て」が一般的。名古屋で誕
生したとされる。

____
3

半幅帯　半幅帯 · *hanhaba-obi*

寬度只有一般腰帶一半（約15cm）的腰帶，主要用於浴衣（171 頁）或日常外出服。
通常會綁成貝口結（175 頁）或蝴蝶結。

帯幅が通常の半分（約15cm）になる帯。主に浴衣（171頁）や日常のおしゃれ着に合わせ
る。貝の口（175頁）や蝶結びで結ばれることが多い。

____
4

角帯／博多帯　角帯 · *kaku-obi* ／博多帯 · *hakata-obi*

男性用的腰帶，寬度約 10cm，通常會綁成貝口結。圖中為「博多帶」，乃是福岡
縣博多地區的特產。

男性用の帯。幅は約10cm。貝の口で結ばれることが多い。イラストは「博多帯」といっ
て、福岡県博多地区の特産品。

腰帶的綁法

和服的腰帶有各種綁法，現代女性穿著一般外出服時，多使用太鼓結；穿著振袖（165頁）等正式和服時，多使用變化結（変わり結び，*kawari-musubi*）※。在此介紹幾款具有代表性的綁法。

※ 編注：從太鼓結、文庫結衍生變化出的腰帶綁法。

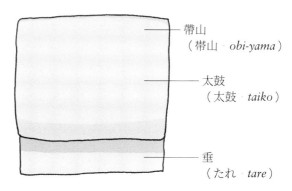

帶山
（帶山‧*obi-yama*）

太鼓
（太鼓‧*taiko*）

垂
（たれ‧*tare*）

太鼓結

太鼓結び‧*taiko-musubi*

袋帶與名古屋帶（173頁）的基本綁法。袋帶長度較長，因此將太鼓部分的腰帶折成兩層，稱為「二重太鼓」。

袋帯や名古屋帯（173頁）の基本的な結び方。袋帯は長いため、お太鼓の部分の帯を二枚重ねて「二重太鼓」にする。

肥雀結

ふくら雀‧*fukura-suzume*

袋帶（173頁）最具代表性的變化結。名稱由來是因為左右兩側突出的部分，看起來像一隻胖胖的麻雀張開翅膀的樣子。

袋帯の代表的な変わり結び。左右に羽根が出たところを、ふっくら太った雀に見立てた名前。

帯の結び方 · *obi no musubikata*

帯の結び方にはいろいろあるが、現在の女性の外出着には太鼓結びを合わせるのが基本。振袖（165頁）などには、華やかな形の変わり結びにすることも多い。ここでは代表的なものを紹介する。

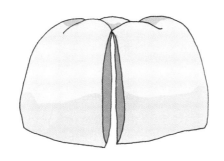

文庫結
文庫 · *bunko*

用半幅帶（173頁）打成像兩片翅膀垂下的結，屬於變化結的一種。

半幅帯（173頁）で、二枚の羽をたらすように結ぶ、変わり結びの一種。

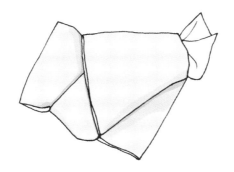

貝口結
貝の口 · *kai no kuchi*

半幅帶或角帶（173頁）最普遍且最簡易的綁法。因彎折處重疊的樣子類似貝殼的開口而得名。

半幅帯や角帯（173頁）の最も一般的でシンプルな結び方。折り目が二つ重なっているかたちが、貝の口に似ていることから名が付いた。

以下介紹繫和服腰帶時使用的裝飾品。每種飾品都有不同的款式和花樣，必須配合腰帶與和服的風格選擇。

圓編
（丸組 · *marugumi*）

平編
（平組 · *hiragumi*）

腰帶繩
帯締め · *obi-jime*

綁在和服腰帶上，避免腰帶鬆開的繩子。一般以多條細線編織而成，是一種稱為「組紐」的編繩。有平編、圓編、方編等不同種類。

帯がゆるまないように、帯の上から締める紐のこと。数本の糸を束にして編み上げられたものが多く、これを「組紐」という。平組、丸組、角組などの種類がある。

真絲
（正絹 · *shoken*）

全紮染
（総絞り · *soshibori*）

腰帶撐
帯揚げ · *obi-age*

綁太鼓結（174頁）時，為避免帶山凹塌所使用的布。在腰帶正面上方打結後，再塞進腰帶裡。使用真絲、紮染布等布料。

太鼓結び（174頁）をするときに、帯山が崩れないようにするために用いる布。帯の前上で結び、帯の中に収める。正絹製や絞り製がある。

帯を締める際に用いられる小物を紹介する。それぞれに多様な種類や柄があり、帯や着物との調和を考えて用いる。

腰帶繩飾

おびどめ
帯留め · *obi-dome*

腰帶繩的裝飾物，有金屬、寶石、陶瓷等各種款式。一般將腰帶繩穿入繩飾後，會把打結的地方塞進太鼓（174頁）裡，將繩飾轉到正面。

帯締めにつける飾り。彫金や宝石、陶器など多様な帯飾りがある。帯留めをつけた細い組紐は、結び目をお太鼓（174頁）の中に入れ、飾りを正面にする。

穿著和服時，除了和服本身和腰帶相關物品之外，還必須穿上內襯以及其他配件。在此介紹最基本的和服內襯。

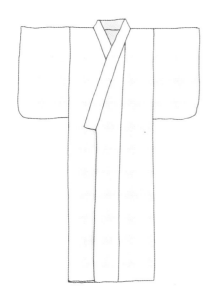

長襯衣
長襦袢・*naga-juban*
<small>ながじゅばん</small>

穿在和服裡的襯衣。長度有別於和服，一般會配合自己的身高製作，成為「對丈」。

着物の下に着る衣類。丈は、着物と違って対丈（ついたけ／自分の背丈と同寸）に仕立てる。

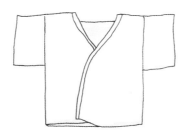
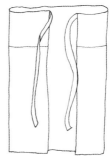

貼身襯衣
肌襦袢・*hada-juban*
<small>はだじゅばん</small>

穿在長襯衣裡面的貼身襯衣。有些貼身襯衣是上半身與下半身分開的兩件式，下半身的那件稱為「裾除（裾よけ，*suso-yoke*）」，綁在腰部。

長襦袢（ながじゅばん）の下に着る肌着。上半身と下半身で分けられている肌襦袢もあり、その場合に腰に回すものを「裾よけ」という。

着物を着付ける際には、着物や帯まわりのもの以外にも、さまざまな小物や下着が必要となる。ここでは必要最小限のものを紹介する。

半襟
半衿 · *han-eri*
<small>はんえり</small>

縫在長襯衣衣襟部分的布。穿著前會放入稱為「襟芯」的內襯，以免衣襟產生皺褶。

長襦袢の衿部分に縫い付ける布。着用する前に、衿に皺がよったりしないように、内側に「衿芯」という芯を入れる。

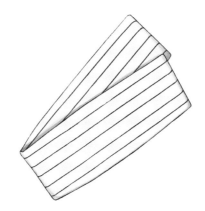

衣襟固定帶
伊達締め · *datejime*
<small>だて　じ</small>

配合自己的身高調整好和服的長度，用綁帶固定並完成「端折」（161 頁）後，為了固定衣襟相交位置而繫上的帶子。

着物の裾を背丈に合わせ、胴を紐で締めておはしょり（161頁）をつくった後、衿の合わせを固定するために結ぶ、着付け用の帯。

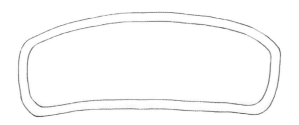

腰帶支撐板

帯板 · *obi-ita*

放在腰帶正面內側支撐用的板子，可使腰帶的形狀和花紋更美麗。

腹側の帯の間に入れる板。帯の形や柄をきれいに見せるために使う。

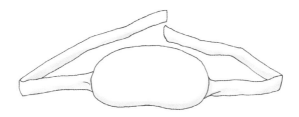

腰帶枕

帯枕 · *obi-makura*

使用袋帶或名古屋帶（173頁）打結時，用腰帶繩（176頁）包住，以做出帶山並加以固定的輔助配件。

袋帯や名古屋帯（173頁）を結ぶときに、帯山をつくって固定させるためのもの。帯揚げ（176頁）で包んで用いる。

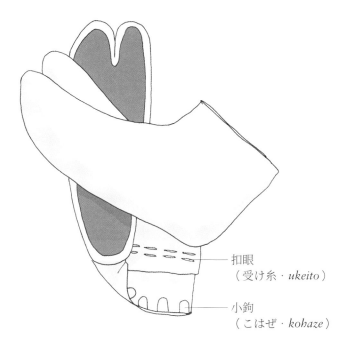

扣眼
（受け糸・*ukeito*）

小鈎
（こはぜ・*kohaze*）

分趾襪
足袋・*tabi*

穿著和服時穿的襪子，具有拇趾與其他四趾分開的構造。白色最為正式，但近年來有花色的足袋也很受歡迎。穿著時必須將名為「小鈎」的金屬鈎勾入扣眼中，加以固定。

和装用の履き物。親指と他の4本の指が分かれた構造になっている。白足袋が正式だが、近年は色柄がついたものも人気。こはぜという金具を受け糸に通して固定する。

鞋類

穿著和服時搭配的鞋子，可概分為以木材為鞋底的「木屐」，以及以其他材質為鞋底的「草履」兩種。鞋面上讓腳趾勾住的鞋帶稱為「鼻緒」。

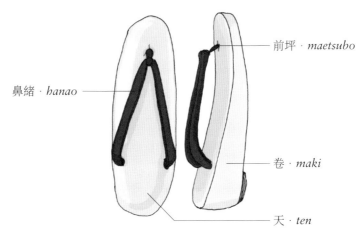

鼻緒 · *hanao*

前坪 · *maetsubo*

卷 · *maki*

天 · *ten*

草履
草履 · *zori*

古時用稻草編成的鞋子，現在多以軟木為底，再塗上琺瑯漆或以合成皮包覆。穿著留袖（164頁）或訪問服（166頁）等正式和服時，適合搭配白色或淺色系的厚底草履。

元は藁（わら）を編んでつくった履物。現在は、コルクの台にエナメルや合成皮革を張ったものが一般的。留袖（164頁）や訪問着（166頁）などの正装には白や淡い色の、高さのある草履が適している。

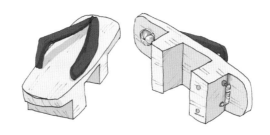

兩齒木屐
駒下駄 · *koma-geta*

底部有兩個屐齒的木屐，分為原木與塗漆兩種。穿著浴衣的時候可光腳穿上，另外女性也常在雨天當作雨鞋穿。

二枚歯の下駄のこと。白木と塗りの2種類がある。浴衣の際に素足で履くほか、女性は雨天用の雨下駄として履くことが多い。

履き物・*hakimono*

和装の履き物は、台（底）に木材を利用する「下駄（げた）」と、木材以外を素材にする「草履（ぞうり）」に大別される。台につけた鼻緒に指をかけて歩く。

斜齒木屐

のめり・*nomeri*／千両（せんりょう）・*senryo*

前齒傾斜的木屐；其中後屐齒與一般的兩齒木屐相同者，日語稱為「千両」。「のめり（*nomeri*）」的名稱由來，是因為走路時會往前方傾倒（のめる，*nomeru*）。

駒下駄の前歯が斜めに切られた形のもの。特に、後ろの歯が駒下駄のようになっているものを「千両」という。のめりの語源は、歩くと前に「のめる」ことから。

薄草履

雪駄（せった）・*setta*

在以竹皮編成的鞋面底部貼上皮革的男性用薄草履。傳說是茶道宗師千利休發明的樣式。

竹皮で編んだ台の裏に、革底をじかに貼った男性用の薄い草履。茶人・千利休が考案したものとされる。

束口袋

きんちゃく
巾着 · *kinchaku*

以繩子束口的布製或皮革製袋子。古時用來裝錢或護身符等小東西。

紐で口を開閉するスタイルの布製や皮革製のバッグ。古くは金銭やお守りなど小さなものを入れて用いた。

大束口袋

がっさいぶくろ
合切袋 · *gassai-bukuro*
しんげんぶくろ
信玄袋 · *shingen-bukuro*

容量較大，可裝皮夾等隨身物品的束口袋。名稱由來是因為可以將「一切合切」[※] 的物品裝入。以籃子作為袋底者，稱為「籠信玄」。
※ 譯注：意指全部、所有。

財布や携帯品などを入れるのに、程よい大きさの袋。「一切合切（いっさいがっさい）」の持ち物が入ることから名が付いた。籠製の底をつけたものを「籠信玄」という。

和装の持ち物 · *waso no mochimono*

和服を着ている際にふさわしい持ち物を紹介する。また、扇子に関しては単に涼をとるだけではなく、儀式や挨拶の折にも用いられる。

包袱巾

風呂敷 · *furoshiki*

用來包裹物品的方形布巾，有絲質、棉質、人工纖維等材質。名稱由來是因為江戶時代前往澡堂時，會拿來包裹脫下來的衣物。

携帯品を包むための、絹、木綿、化繊製の四角い布。江戸時代の風呂屋で、脱いだ衣服を包んだとされることから名が付いた。

手拭巾

手拭い · *tenugui*

顧名思義，指手弄溼或弄髒時用來擦手的棉質薄手帕。江戶時代被稱為「手拭い被り（*tenugui-kaburi*）」，作為頭巾使用。

薄地の木綿製の布。その名の通り、濡れたり汚れた手を拭うのに用いる。江戸時代には「手拭い被り」といって、被り物としても用いられた。

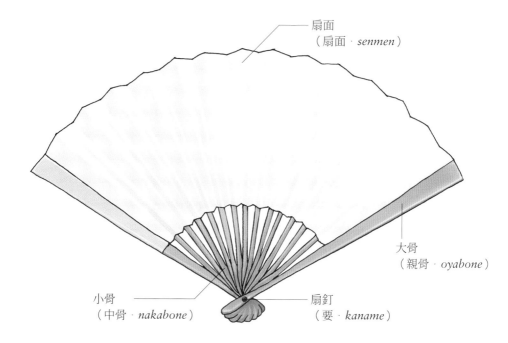

扇面
（扇面‧*senmen*）

大骨
（親骨‧*oyabone*）

小骨
（中骨‧*nakabone*）

扇釘
（要‧*kaname*）

涼扇

夏扇 · *natsu-ogi*

不分季節，泛指所有用於搧風的扇子。男性用的尺寸一般約 22cm，女性用的一般約 20cm，扇面通常以紙或絹絲製成。

季節に関係なく涼をとるためにあおぐ扇全般のことをいう。男性用は約22cm、女性用は約20cmが一般的で、扇面は紙や絹でつくられる。

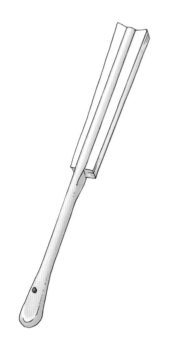

喜扇

祝儀扇 · *shugi-ogi*
白扇 · *hakusen*

用於喜慶或祭典儀式的扇子。一般來說，
白竹扇骨糊以白紙的「白扇」為男性使用；
而女性用的則是黑色漆塗扇骨糊以金色或
銀色和紙。

祝い事や祭事に用いられる扇。男性用は白
の地紙に白い竹製の骨でできた白扇（はくせ
ん）、女性用は金銀の地紙に黒の塗り骨が一
般的。

喪扇

不祝儀扇 · *fushugi-ogi*
喪扇 · *mosen*

用於喪事或法事等非喜慶場合的扇子。用
紙和扇骨皆為黑色。

葬儀や法事などの不祝儀に用いられる扇。地
紙も骨も黒い。

茶扇

茶席扇 · *chaseki-ogi* ／ 茶扇子 · *cha-sensu*

參加茶會時攜帶的小折扇。大骨分為白竹與塗漆兩種類型，各流派有其特定的款式。茶扇的用途是在致意、問候時置於膝前，不會打開來使用。

茶席で携帯する小ぶりの扇。親骨は白竹と塗りの両方があり、流儀によって定められている。お辞儀や挨拶をするときに膝の前に置くもので、開くことはない。

舞扇

舞扇子 · *mai-sensu* ／ 舞扇 · *mai-ogi*

跳日本舞等傳統舞蹈時使用的扇子。比涼扇（187頁）稍大，扇面上繪有美麗的圖樣。拿扇子的動作亦是舞蹈的一部分。

日本舞踊をはじめとする舞で用いる扇。夏扇（187頁）より大きく、扇面には美しい柄が描かれている。扇を扱う所作は舞踊の一部になっている。

帛紗

帛紗（袱紗）· *fukusa*

用於擦拭茶具的真絲布巾。身著和服進入茶席前，必須先將帛紗、懷紙和古帛紗※放在懷中。
※ 譯注：遞茶給賓客時襯在茶碗下的布巾。

道具を清めたりするときに使う正絹の布。着物を着て茶席に入るときは、帛紗と懐紙と古帛紗を懐（ふところ）に入れておく。

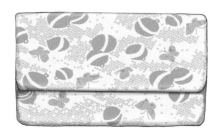

帛紗袋

帛紗挟み · *fukusa-basami* ／数寄屋袋 · *sukiya-bukuro*

收納茶會所需物品用的袋子，名稱由來是因為會將帛紗等物品裝在裡面。較大的帛紗袋稱為「數寄屋袋」，而所謂的「數寄屋」即是指茶室（334 頁）。

茶会に必要な持ち物を入れて携帯するための袋。帛紗などを入れておくことから名が付いた。特に、大振りなものを数寄屋袋という。「数寄屋」とは茶室（334頁）のことを指す。

着物を着る代表的な機会といえば、茶道における茶会。茶会に必要な持ち物のなかでも代表的なものを紹介する。

茶扇
茶扇子・*cha-sensu* ／茶席扇・*chaseki-ogi*

請參照 189 頁。

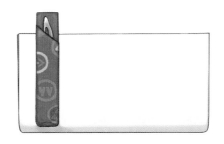

點心籤＆懷紙
菓子楊枝・*kashiyoji* ＆懷紙・*kaishi*

所謂的「菓子楊枝」，是在茶會上切茶點時使用的短木籤。原為烏樟製，但現在隨身攜帶的大多為不鏽鋼材質；「懷紙」則是指對折的和紙，用於盛裝甜點。古時還有其他用途。

菓子楊枝とは、茶会でいただく菓子を切るための楊枝のこと。携帯するのはステンレス製が多いが、本来は黒文字楊枝を使用する。懐紙とは、菓子をのせるための二つ折りの和紙の束。昔はいろいろな用途があった。

洗朱

洗朱 · *araishu*

淡朱紅色。帶有將朱紅色的布水洗後稍微褪色的感覺。

薄い朱色。朱色の布を洗ったあとの少し色が抜けたイメージ。

紅色

紅色 · *kurenai-iro*（*beni-iro*）

偏紫的紅色。日語中的「紅（*beni*）」，指的是用紅花的色素製成的化妝品。

少し紫がかった赤色。「紅」は紅花（べにばな）の色素でつくられた化粧料。

唐紅色

唐紅色（韓紅色）· *kara-kurenai-iro*

與「紅色」相比，帶有黃色調的紫紅色。是使用中國傳來的紅花反覆染色後形成的深紅色。

紅色より黃みを帶びた色。中国伝来の紅花で繰り返し染めた濃い紅色。

日本には、花鳥風月や染料に由来する色の名前が豊富にある。微妙な色合いの違いを見分けて名前をつけた先人の感性が反映されている。そのごく一部を、古くから伝わる染め方を交えて紹介する。

胭脂色
えんじいろ
臙脂色 · *enji-iro*

偏黑的深紅色。使用從胭脂蟲萃取的顏料染製而成。

少し黒味がかった濃い赤色。「臙脂」は、コチニールという虫からとった顔料で染める。

黄丹
おうに
黄丹 · *oni*

黃色與丹紅色混合而成的橘色。黃丹色的衣服自古為皇太子的禮服。

黄色と丹（赤色）が混ざったオレンジ系色。古来、黄丹の衣は皇太子の礼服だった。

弁柄色
べんがらいろ
弁柄色 · *bengara-iro*

亮褐色。所謂的「弁柄」，是以氧化鐵為主要成分的顏料，因原產地為印度的孟加拉（Bengala），故日語取其諧音命名。

明るい茶系色。「弁柄」は、酸化鉄を主成分とする顔料。インド・ベンガル地方が産出地であることから名が付いた。

香色
香色・*ko-iro*

接近米色的淡褐色。以香氣馥郁的丁香木所熬煮的汁液染製而成。

ベージュに似た薄茶色。香りのよい丁子（ちょうじ）の木を煎じた汁で染める。

山吹色
山吹色・*yamabuki-iro*

稍微偏橘的黃色。因顏色近似春天盛開的棣棠花（山吹花）而得名。

ややオレンジがかった黄色。春に咲く山吹の花の色から名が付いた。

鶯色
鶯色・*uguisu-iro*

略帶深褐色的綠色。因顏色近似日本樹鶯的毛色而得名。

やや黒茶が混ざった緑色。鶯の羽の色から名が付いた。

萌蔥色

萌葱色（萌黄色）· *moegi-iro*

亮綠色。因顏色近似蔥的嫩芽而得名。

明るい緑色。萌え出る葱の芽の色から名が付いた。

若竹色

若竹色 · *wakatake-iro*

宛如春天新生的嫩竹般清爽的綠色。日本的傳統顏色名稱當中，比基本色明亮、鮮艷者，經常加上意為年輕的「若」字。

春に伸びる若い竹の幹のような爽やかな緑色。日本の色名には、基本の色より明るく新鮮に見える色に「若」とつけることがよくある。

淺蔥色

浅葱色 · *asagi-iro*

帶有綠色調的亮藍色。名稱意為較淡（淺）的蔥綠色。

緑色を帯びた、あざやかな青色。薄い（浅い）葱の色という意味で名が付いた。

藍色
藍色 · *ai-iro*

偏暗的深藍色。以蓼藍萃取出的「藍」染製的色彩，有各種不同色調與名稱。

濃く暗い青色。タデアイという植物からつくる「藍」で染めた色には、さまざまな色合いと色名がある。

縹色
縹色（花田色）· *hanada-iro*

略為暗濁的藍色，純粹以「藍」染製而成的顏色。根據濃淡的不同，在名稱上以「濃縹」或「淺縹」等區分。

ややくすんだ藍色。純粋に藍だけで染められる。濃淡によって「濃縹（こきはなだ）」、「浅縹（うすきはなだ）」などと呼び分けられる。

藤色
藤色 · *fuji-iro*

淡紫色。因顏色近似紫藤花而得名。

淡い紫色。藤の花の色から名が付いた。

江戸紫
江戸紫 · *edo-murasaki*

深紫紅色。使用武藏野的野生紫草根部染製而成，因始於江戶時代而得名。

濃い赤紫色。武蔵野に自生する紫草の根を用いて、江戸で染めたことから名が付いた。

利休鼠
利休鼠 · *rikyu-nezumi*

略帶綠色的灰色。令人聯想到侘寂美學的顏色，故以茶道宗師千利休之名命名。

やや緑がかった灰色。侘びさびを連想させる色で、茶人・千利休の名が付いている。

鈍色
鈍色 · *nibi-iro*

深灰色。日本在平安時代以後的喪服皆使用此色。

薄墨色。平安時代以降の喪服には、この色が用いられた。

傳統紋樣

包括染織品在內，我們在日本工藝品上可以看見各種獨特的紋樣。在此介紹幾種常見的紋樣及其名稱。

鱗紋
鱗 · *uroko*

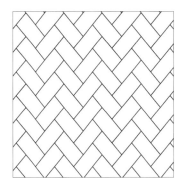

檜垣紋
檜垣 · *higaki*

網編紋
網代 · *ajiro*

伝統的な文様 · *dentotekina monyo*

染織をはじめとする日本の工芸品には、さまざまな文様が表されている。
ここではよく目にする文様とその名前を紹介する。

龜甲紋
亀甲 · *kikko*

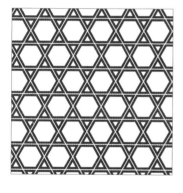

六角籠目紋
籠目 · *kagome*

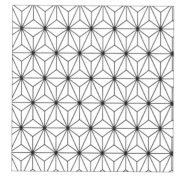

麻葉紋
麻の葉 · *asanoha*

紗綾紋
紗綾形 · *sayagata*

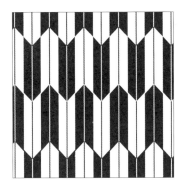

箭羽紋
矢羽根 · *yabane*

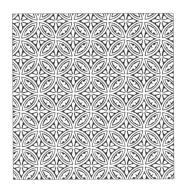

七寳紋
七宝繋ぎ · *shippo-tsunagi*

立波紋
立涌・*tatewaku*
たてわく

雷紋
雷・*rai*
らい

波浪紋
青海波・*seigaiha*
せいがい は

條紋

乍看之下單調不變的條紋，也各有展現其特徵的名稱。在此介紹幾個例子。

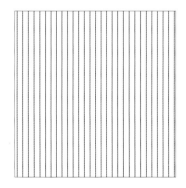

千條紋
千筋・*sen-suji*

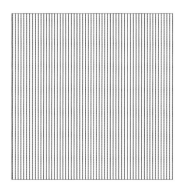

萬條紋
万筋・*man-suji*

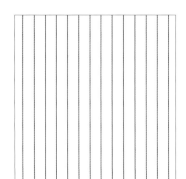

細條紋
大名筋・*daimyo-suji*

縞模様・*shima-moyo*

一見、単純で同じように見える縞にも、それぞれ特徴を捉えた名前がある。
ここでは一部を紹介する。

條
紋

粗條紋
棒縞・*bo-jima*

不規則條紋
矢鱈縞・*yatara-jima*

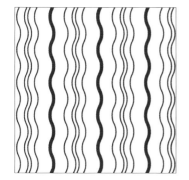

波紋
よろけ縞・*yoroke-jima*

和
服

如同條紋（202頁）一般，看起來單純的格紋，也有許多特殊的名稱。在此介紹幾個例子。

棋盤格紋
市松模樣・*ichimatsu-moyo*

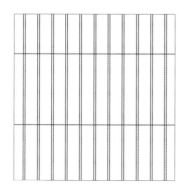

障子格紋
障子格子・*shoji-goshi*

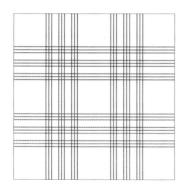

三線格紋
三筋格子・*misuji-goshi*

格子模様・*koshi-moyo*

縞模様（202頁）と同様に、単純そうに見える格子模様にもさまざまな名前がある。ここではその一部を紹介する。

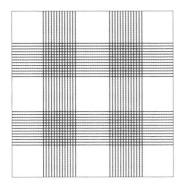

弁慶格紋
弁慶格子・*benke-goshi*

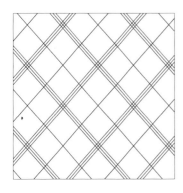

菱格紋
業平格子・*narihira-goshi*

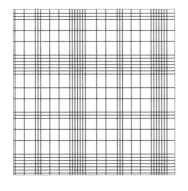

翁格紋
翁格子・*okina-goshi*

五三桐花紋

五三ノ桐 · *gosan no kiri*

蔦紋

蔦 · *tsuta*

桔梗紋

桔梗 · *kikyo*

家紋・*kamon*

家紋とは、家々が古くから定めている紋のこと。紋付きの着物は礼装となり、紋の数が増えるに従って格が上がる。ここでは、膨大にある家紋の一部を紹介する。

鳳蝶紋
揚羽蝶・*agehacho*
<small>あげ は ちょう</small>

圓框劍與酢漿草紋
丸に劍片喰・
maru-ni-kenkatabami
<small>まる けんかたばみ</small>

圓框九片竹葉紋
丸に九枚笹・
maru-ni-kumaizasa
<small>まる く まいざさ</small>

圓框菱形四目紋
丸に隅立四ツ目 ·
maru-ni-sumitate-yotsume

圓框三柏紋
丸に三ツ柏 ·
maru-ni-mitsugashiwa

圓框橘紋
丸に橘 ·
maru-ni-tachibana

圓框交叉鷹羽紋
丸に違い鷹羽 ·
maru-ni-chigai-takanoha

圓框梅鉢紋
丸に梅鉢 ·
maru-ni-umebachi

圓框橫木瓜紋
丸に横木瓜 ·
maru-ni-yoko-mokko

在神社舉辦的日本傳統婚禮上，人們會穿著特別的和服。其中「白無垢」是新娘專屬的禮服，一般在傳統儀式上穿「白無垢」，而喜宴上則穿有花色的「色打掛」。

角隱（角隠し）
→ p.278

隨身包（筥迫）
→ p.289

白無垢

白無垢・*shiromuku*

從打掛、掛下、腰帶到飾品，全身上下都統一為白色的和服。在婚禮上穿著，代表新娘潔白無瑕，尚未染上夫家的習慣。

打掛・掛下・帯から小物類まで、白一色に統一した和装のこと。婚礼で着る際は、花嫁の身の清らかさと、どんな色（嫁ぎ先の習わし）にも染まることを意味している。

婚礼の装束 · *konrei no shozoku*

神前式など日本に古くから伝わる婚礼では、特別な着物を身に着ける。特に「白無垢」は花嫁にとって特別な衣装。挙式では白無垢を、披露宴では色打掛を着る人が多い。

____1

打掛

打掛 · *uchikake*

披在和服上、不綁腰帶的長外衣，從室町時代開始就是武家女性的禮服。

着物の上から羽織り、帯を締めずに裾を引く長着。室町時代以降、打掛は武家の女性の礼装だった。

____2

掛下

掛下 · *kakeshita*

穿在「打掛」裡的和服。

打掛の下に着る着物のこと。

____3

文金高島田

文金高島田 · *bunkin-taka-shimada*

身穿禮服的新娘所梳的日本傳統髮型之一。在江戶時代，武家的未婚女性以及一部分娼妓也會梳此髮型。

正装の花嫁が結う日本髪の一種。江戸時代には武家の未婚の女性や遊女の一部に結われていた。

____4

末廣扇

末広 · *suehiro*

喜慶場合用的扇子。以愈靠末端愈寬廣的扇形，比喻新人的未來將更加幸福。

祝儀用の扇子のことを、「（扇のように）末広がりに幸せになるように」という願いを込めて「末広」という。

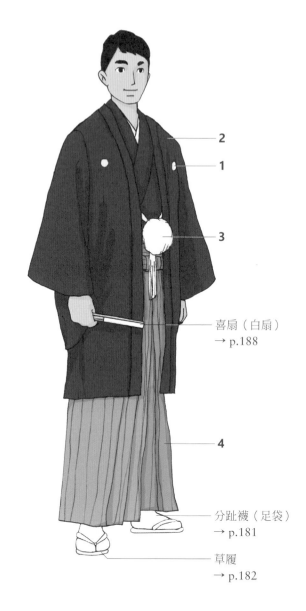

2

1

3

喜扇（白扇）
→ p.188

4

分趾襪（足袋）
→ p.181

草履
→ p.182

紋付羽織袴

もんつき は おりはかま
紋付羽織袴・*montsuki-haori-hakama*

現代男性和服中最正式的禮服。江戶時代為下級武士的服裝，後來演變為庶民的禮服，而進入明治時代後，飾有 5 個家紋的黑色長版和服、羽織和袴的組合，便成為正式禮服。

現代における男性の和装の第一礼装。江戸時代は下級武士の装いだった。それが庶民の礼装として着用されるようになり、明治時代に五つ紋付きの黒無地長着と羽織、袴の組み合わせが礼装として採用された。

——— 1
家紋
紋・*mon*

作為禮服的和服上會裝飾家紋。家紋的數量為 1、3、5，數量愈多愈正式。只有 1 個家紋的和服，家紋會在背後正中央；飾有 3 個家紋的和服，則分別在背後正中央與兩袖後方；而有 5 個家紋的和服則分別在背後正中央、兩袖後方與胸前兩側。

礼装の着物には家紋を入れる。入れる数には一、三、五があり、数が多いほど格が上がる。一つ紋は背中の衿下に、三つ紋は背中と両袖の後ろ、五つ紋は背中・両袖・両胸と決まっている。

——— 2
羽織
羽織・*haori*

穿在長版和服上的短外衣。穿著時將衣襟外翻。分為禮服用和一般日常穿著用，亦有女性穿用的羽織。

長着（着物）の上に着る丈の短い外衣。衿を外側に折って着る。女性用の羽織もあり、正装向きのものからカジュアルなものまで種類がある。

——— 3
白流蘇羽織繩
羽織紐（白房付き）・*haori-himo*（*shirofusa-tsuki*）

附有白色流蘇的編繩，將兩端掛於羽織胸前名為「乳」的金屬掛鉤上。

白房のついた組紐。羽織の胸元につけられた小さい金具（「ちち」という）に両端を掛ける。

——— 4
騎馬袴
馬乗袴・*umanori-bakama*

和服下半身的服裝稱為「袴」，穿著時會在腰部綁繩固定。有兩條褲管的稱為「騎馬袴」，裙式的稱為「行燈袴（行灯袴，*andon-bakama*）」。其中，以絲質的「仙台平」為布料的袴最為正式。

下半身につける衣服を「袴」といい、腰の位置で紐を結んで留める。二股に分かれているものを馬乗袴、分かれていないものを「行灯（あんどん）袴」という。「仙台平」と呼ばれる絹織物が正式。

神社或佛寺的神職人員各有特定的服裝，在此介紹其中一部分。不過隨著位階或宗派的不同，服飾也會有所差異。

僧侶的服裝

<ruby>僧侶<rt>そうりょ</rt></ruby>の<ruby>装束<rt>しょうぞく</rt></ruby>・*soryo no shozoku*

切袴
→ p.217

兩齒木屐（駒下駄）
→ p.182

社寺の装束 · *shaji no shozoku*

神道や仏教に携わる人々には、定められた装束がある。ここではその一部を紹介するが、階位や宗派などによって装束に差異が見られる。

1

袈裟
袈裟 · *kesa*

僧侶披在左肩、覆蓋住衣服的法衣。原本是用大小不一的廢布縫製而成。各宗派有不同的色彩，但皆非正色。名稱源自梵語中的「kasaya」一詞，意指雜色。

僧侶が左肩から掛けて衣を覆う法衣。元々は大小問わない不要な布を縫い合わせてつくられた。宗派によってさまざまな色味があるが、いずれも濁色になっている。その色を表すサンスクリット語kasayaが語源となっている。

2

直裰
直綴 · *jikitotsu*

將上半身與下半身的衣服縫製成一件的僧服。腰部以下有打褶。

上衣と下衣を綴り合わせた僧侶の衣服で、腰から下の部分に襞（ひだ）がついている。

3

中啟
中啓 · *chukei*

收起後末端仍稍微敞開的扇子。僧侶進行儀式時持扇以展現威儀。在室町時代是僧侶著正裝時使用的配件。

畳んだ状態でも、少し先が啓（ひら）いた扇のこと。儀式の際に持ち、威儀を正すためのもの。室町時代に、正装の際に用いられたとされる。

4

作務衣
作務衣 · *samue*

僧侶的工作服。上半身為長袖，下半身為長褲。

僧侶の作業着。上は筒袖、下はズボン状になっている。

神官的服裝
<ruby>神職<rt>しんしょく</rt></ruby>の<ruby>装束<rt>しょうぞく</rt></ruby>・*shinshoku no shozoku*

巫女的服裝
<ruby>巫女<rt>みこ</rt></ruby>の<ruby>装束<rt>しょうぞく</rt></ruby>・*miko no shozoku*

1

狩衣　<ruby>狩衣<rt>かりぎぬ</rt></ruby>・*kariginu*

肩膀部分有開口，方便活動的上衣。在平安時代是上流階層放出馴養的老鷹狩獵時穿著的服裝。在過去，必要時會把袖口的繩子束緊。

肩部分に切れ込みが入った、動きやすさを重視した上衣。平安時代に鷹狩り用の服として、上流階級が使ったのが始まり。かつては、必要に応じて袖括りの紐を絞っていた。

2

烏帽子　<ruby>烏帽子<rt>えぼし</rt></ruby>・*eboshi*

舉行祭祀儀式時，為端正威儀而戴的帽子。在平安時代是朝廷官員平時戴的帽子。

神事の際に被り、威儀を正すための帽子。平安時代では、朝廷に仕える人々の日常的な被り物だった。

3

差袴／切袴　差袴・*sashiko*／切袴・*kiri-bakama*

穿在下半身的袴分為下襬較長、可拖在身後的「長袴」（267頁），以及長度及踝的「切袴」。神職者所穿的「切袴」也稱為「差袴」，顏色和花樣隨階級而異，例如年輕的神職者一般是穿素面的淺蔥色（195頁）切袴。

腰につける袴には、後ろに引くほど裾の長い「長袴」（267頁）と、足首までの長さの「切袴」がある。神職がつける切袴は差袴とも呼ばれ、階級によって色と文様が異なる。無紋の浅葱色（195頁）は若い神職用。

4

笏　笏・*shaku*

舉行祭祀儀式時，為端正威儀而拿在手中的器物。據說在古代中國，笏是大臣所執的手板，用於記下皇帝的命令。

神事の際に持ち、威儀を正すための道具。古代中国において、役人が皇帝の命令をメモ書きするために使用されたという。

5

緋袴　緋袴・*hi-bakama*

緋紅色切袴在現代是為眾人熟悉的巫女服裝，而在平安時代則是宮中女性的服裝。

現在では巫女の装束としてよく目にする緋色の切袴。平安時代においては、宮廷の女性たちが着用するものだった。

6

上指線　上指糸・*uwasashi-ito*

緋袴腰際的裝飾。雖以「線（糸，*ito*）」稱之，但實際上粗細比較接近繩子。

緋袴の腰部分に施された装飾のこと。糸とはいうものの、実際は紐ほどの太さがある。

7

白衣　白衣・*hakue*（*byakue*／*shirokinu*）

長度及踝的純白和服。

身の丈と同じ長さで仕立てた純白の着物。

傳統活動服飾

日本的傳統活動各有其獨特的服飾。以下介紹常見的祭典服裝，以及與日本國技——相撲有關的服裝。

力士的服裝
力士の装束・*rikishi no shozoku*

行司的服裝
行司の装束・*gyoji no shozoku*

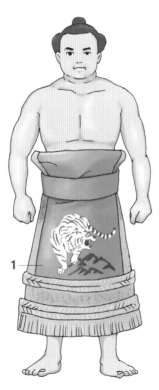

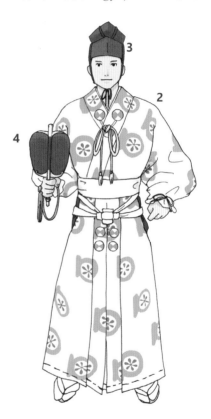

化妝兜襠布
化粧回し・*keshomawashi*

日語的「回し（*mawashi*）」，指的是纏在腰間的兜襠布，為相撲力士的裝束。而等級十兩以上的力士「關取」在登土俵儀式上使用的化妝兜襠布，稱為「化粧回し」，每位力士的兜襠布都有獨特的刺繡圖案。

回しは腰にまとう布（ふんどし）の意で、相撲の力士などがつける。関取（十両以上の力士）が土俵入りの際に締める儀式用の回しを化粧回しといい、力士に応じてさまざまな刺繍が施されている。

伝統行事の装束 · *dentogyoji no shozoku*

日本の伝統行事にはそれぞれに適した装束がある。ここでは現在でもよく目にする祭りの装束と、日本の国技である相撲に関わる装束を紹介する。

2

直垂
直垂 · *hitatare*

胸口有綁帶的和服。原為平安時代武士的日常服裝，江戶時代之後演變為朝廷公家或大名的禮服。現在行司※的服裝風格來自鎌倉時代穿在鎧甲裡的「鎧直垂」，名稱由來是稱為「垂領」的衣襟形式。
※ 編注：相撲賽事的裁判。

胸元に綴じ紐のついた着物。元々は平安時代の武士の日常着だった。江戸時代以降に見直され、公家や大名の礼装となる。現在の行司の装束は鎌倉時代に鎧（よろい）の下に着た「鎧直垂」風。「垂領（たりくび）」という、今日でも見られる衿の形から名が付いたとされる。

3

侍烏帽子
侍烏帽子 · *samurai-eboshi*

烏帽子有立烏帽子、風折烏帽子、侍烏帽子等不同種類，而行司使用的是鎌倉時代武士穿著直垂時戴的侍烏帽子。

烏帽子には立烏帽子、風折烏帽子、侍烏帽子など多種あるが、行司装束には鎌倉時代の武士が直垂に合わせて用いた侍烏帽子が使われている。

4

軍扇
軍配団扇 · *gunbai-uchiwa*

行司在判定勝負時使用的軍扇，形狀與戰國時代武將使用的相同。一般為欅木或黑檀木等硬木製，扇面上寫的文字和圖案則隨行司喜好。

審判動作に使うのが軍配団扇。戦国時代の武将たちが使っていたものと同様の形をしている。書かれている文字や模様は行司の好みによる。欅（けやき）や黒檀（こくたん）などの堅木製。

祭典的服裝

祭り衣装・*matsuriisho*

1

頭帶

鉢巻・*hachimaki*

綁在額上的手拭巾（185頁），象徵卯足幹勁、全力以赴。日語中將頭頂一周的部分稱為「鉢」，因而得名。

頭の上部（鉢）に巻く手拭い（185頁）。気合を入れる意味合いがある。

2

袢纏

袢纏・*hanten*

將羽織簡化後的短版外衣。在祭典上，會穿著背後或衣襟上印有家紋的「印袢纏」。古時作為工作服或保暖之用，應用範圍廣泛。

羽織を簡略にした丈の短い上衣。祭りでは、背や衿に家紋を染めた「印（しるし）袢纏」を着る。昔は仕事着・防寒着として広く用いられていた。

___ 3

分趾鞋

地下足袋 · *jika-tabi*
<small>じ か た び</small>

附橡膠底的分趾襪（181頁），可直接踩在地上行走，不用再穿鞋子。多為在戶外勞動的人穿著。

ゴム底の付いた足袋（181頁）のことで、履き物なしでじかに歩くことができる。主に戸外で労働作業をする人が履く。

___ 4

草鞋

草鞋 · *waraji*
<small>わ ら じ</small>

以稻草編製的鞋子，形狀與草履（182頁）類似。附有可綁住腳掌的繩子，即使動作激烈也不易掉落。

草履（182頁）に形が似た、藁（わら）で編まれた履き物。足に括り付ける紐がついているので、激しい動きをしても脱げない。

___ 5

肚兜

腹掛け · *haragake*
<small>はら が</small>

從胸口覆蓋到腹部，於背後打結的衣服。除了祭典之外，也可作為工匠的工作服。古時讓幼兒在睡覺時穿著以免著涼的衣物也有此稱呼。

胸から腹までを覆って、背中で共布を結ぶ衣服。祭り以外では、職人などが着る作業着でもあった。古くは幼児が寝冷えしないように着せていたものも「腹掛け」と呼んだ。

___ 6

股引

股引 · *momohiki*
<small>ももひき</small>

形式類似現代的長褲。除了祭典之外，也可作為工匠的工作服。在江戶時代是男性的日常服裝，後來演變為男性的內褲，稱為「ズボン下（*zubon-shita*）」或「ステテコ（*suteteko*）」。

洋服のズボンに似た衣服。祭り以外では、職人などが着る作業着である。江戸時代には男性の普段着だった。現在では股引の形が変化して、「ズボン下」「ステテコ」と呼ばれる男性用の下着になっている。

日本的時代劃分
日本の時代区分　*Nihon no jidaikubun*

和服與其他日本傳統服飾皆隨著時代更迭而演變至今。在此介紹幾個本書中經常提及的時代，惟各時代的起迄時間眾說紛紜，未有定論。

和服や古くから伝わる日本の装束は、時代によって変遷しつづけてきた。ここでは、本書によく登場する時代を紹介するが、各時代区分の始期・終期に関しては諸説ある。

794-1185　平安時代　Heian Jidai
指定都平安京（京都）之後約 400 年的期間。政權握於天皇與公卿手中。文學等各類文化在這個時代蓬勃發展。

京都に平安京がつくられてから約400年間を指す。天皇と、それに仕える公卿が政治的権力を持った。文学をはじめとして、雅な文化が進歩した。

1185-1333　鎌倉時代　Kamakura Jidai
指幕府設於鎌倉的武家政權時代。源氏將軍傳承 3 代後，由北條氏掌握實權，最後滅亡於後醍醐天皇率領的反對勢力下。

鎌倉に幕府が置かれた武家政権の時代を指す。源氏の将軍が3代つづいたあとは、実権が北条氏に移り、後醍醐天皇率いる反対勢力により滅亡。

1336-1573　室町時代　Muromachi Jidai
指足利家將幕府設於京都室町的時代。政權共傳承 15 代將軍，但後期演變為各地大名爭奪天下的「戰國時代」。

京都室町に足利家による幕府が置かれた時代を指す。15代将軍までつづいたが、後半は各地の大名が天下統一をめざして争う「戦国時代」となった。

1573-1603　安土桃山時代（織豐時代）　Azuchi-Momoyama Jidai
指織田信長與豐臣秀吉掌握政權的時代。信長死後，秀吉統一天下，但豐臣政權在關原之戰中敗給德川家康，為這個時代劃下句點。

織田信長と豊臣秀吉が政権を掌握した時代を指す。信長の死後、秀吉が天下統一を果たすものの、関ヶ原の戦いで徳川家康に敗れ終焉を迎える。

1603-1867　江戶時代　Edo Jidai
指德川家康在江戶（東京）設置幕府的 260 年。屬於由武士掌權的階級社會，所有制度和設備皆臻於完備，在外交方面採鎖國政策，江戶文化在此時期開花結果。

江戸（東京）に徳川家による幕府が置かれた260年間を指す。武士が支配する身分制社会で、あらゆる制度や設備が整えられた。鎖国外交を展開するなかで、江戸文化が花開いた。

1867-1912　明治時代　Muji Jidai
指明治天皇在位的治世。江戶幕府將政權歸還朝廷後，日本轉為天皇制的中央集權國家。此時代大量吸取西方文化。

明治天皇の治世の時代を指す。江戸幕府が朝廷に政権を返上したことで、天皇制の中央集権的国家へ転換した。西洋文化が盛んに取り入れられた。

傳統藝能

能劇服飾

能樂是室町時代集大成的歌舞劇。除了歌謠（謠，*utai*）、器樂（囃子，*hayashi*）與舞蹈外，服裝扮相也相當值得玩味。會依照不同的角色，搭配不同的服裝。在此介紹幾種典型的裝束。

女性裝束——《熊野》熊野

女性の出立－『熊野』熊野・*josei no detachi* －"Yuya" Yuya

面具（面）
→ p.232

中啟（中啓）
→ p.215

能装束・*noshozoku*

能楽は室町時代に大成された歌舞劇。謡（うたい）、囃子（はやし）、舞以外にも注目すべきは衣装。役柄に応じて衣装を組み合わせて着付ける。ここでは典型的な出立（いでたち）を紹介する。

1

唐織
からおり
唐織・*karaori*

主要為女性或貴族青年穿著的和服。多為花草、流水等自然元素的圖樣，特徵為視覺上富有立體感的「浮織」。身著帶紅色的唐織代表是年輕女性，不帶紅色的唐織則代表中年後的女性。

主に女性や若い青年貴族の役が着る着物。草花や流水など自然を表した模様が多い。立体的に見える浮織が特徴。赤い色が入った唐織は若い女性、赤い色が入らないものは中年以降の女性であることを表している。

2

摺箔
すりはく
摺箔・*surihaku*

在布料上貼金箔或銀箔以構成圖樣的和服。由於作為內襯穿著，因此一般只看得見衣襟，但扮演女鬼的角色會露出上半身的內襯，以表示不尋常的狀態。

布地に金銀の箔を貼り付け、文様を表した着物。内着として着るので通常は衿元しか見えないが、鬼女の役などでは内着の上半身をあらわにして尋常でない様子を表現する。

3

假髮帶
かつらおび
鬘帯・*kazura-obi*

頭帶狀的布條，用以固定假髮。一般綁在後方，長長垂下。幾乎所有女性角色都會使用，並有各式花紋。

鬘を留めるための鉢巻状の布。後ろで結んで、長く垂らしている。女役ではほとんどの役に用いられ、さまざまな柄がある。

舞者裝束──《井筒》杜若精

舞の出立－『井筒』杜若の精・*mai no detachi －"Izutsu" kakitsubata no sei*

摺箔
→ p.225

1

3

4

2

長絹
ちょうけん
長絹・*choken*

最具代表性的寬袖和服外衣，多為飾有金銀色繡花的絲質薄紗。胸口和袖子上有稱為「露」的繩飾。

代表的な広袖の表着。紗（しゃ）や絽（ろ）など薄い生地に、金銀の糸で文様を施したものが多い。胸元と袖に「露（つゆ）」と呼ばれる紐飾りがついている。

縫箔
ぬいはく
縫箔・*nuihaku*

以刺繡或貼箔繪出花紋的和服。一般會將兩袖脫下，把袖子綁在腰間，這樣的姿態稱為「腰卷」。

刺繡や箔で文様を表した着物。両袖を脱いで、袖を腰に巻きつける「腰巻」スタイルにすることが多い。

胸繩
むねひも
胸紐・*munehimo*

附有流蘇、垂在胸前的繩子。與袖繩同色，每次穿著和服時都必須重綁。

胸元に垂らしてある、房付きの紐。袖紐と同色で、着用するたびにつけ替える。

菊綴
きくとじ
菊綴・*kikutoji*

在袖子中央打結的繩子。原本的作用為補強兩片布的接縫處，但後來演變為單純的裝飾。

袖の中心にある結び目状の紐。二枚の布の継ぎ目を補強するためのものだったが、やがて飾りになった。

能劇服飾

傳統藝能

武將裝束——《屋島》源義經

武将の出立－『屋島』源義経・busho no detachi －"Yashima"
Minamoto Yoshitsune

1

法被　法被・*happi*
はっ ぴ

和服外衣的一種。圖為能劇特有的法被，以金線織出華麗的花紋，匠心獨具。身著附有內裡的袷法被，代表是武將、鬼神、天狗等性情暴戾的角色。法被的前片和後片分離，在下襬處以相同布料的「合引」連接。

和服の上着の一種。イラストは法被のなかでも、金襴で豪快な意匠を織り出した、能装束特有のもの。裏地のついた袷（あわせ）の法被は、武将や鬼神、天狗などの荒々しい役を表す。前身頃（まえみごろ）と後ろ身頃が離れており、裾のところにある共布「合引（あいびき）」で繋げる。

2

厚板　厚板・*atsuita*
あついた

主要為男性或鬼神等角色穿著的和服。身著帶紅色的厚板代表是年輕男子。

主に男性や鬼神などの役が着る着物。赤い色が入った厚板は、若年の男子であることを表す。

3

半切　半切・*hangire*（*hangiri*）
はんぎれ

長度及踝的打褶袴，名稱的涵義為裁切掉下襬的長袴（267 頁）。多使用金線織出各種花樣。

足首までの長さの、大きなひだがある袴。長袴（267頁）に対して、裾を切った袴の意。金襴でさまざまな模様を表したものが多い。

4

細腰帶　腰帶・*koshi-obi*
こしおび

細長的布腰帶。腰部後方與正面垂下的部分，內裡皆縫入薄板，綁起來筆挺美觀。

細長い布帯。腰の後ろ部分と前に垂れる部分に薄い板が縫い込まれているため、締めたときに美しい形になる。

5

梨子打烏帽子　梨子打烏帽子・*nashiuchi-eboshi*
なしうちえぼし

戴在頭盔裡的軟帽。烏帽子的種類繁多，此為其中一種形式。

兜の下に着用するやわらかい被り物のこと。烏帽子にはいろいろな種類がある。

老人裝束——《戀重荷》山科莊司

老人の出立－『恋重荷』山科荘司 · *rojin no detachi －"Koi no Omoni" Yamashina Shoji*

2

1

厚板
→ p.229

中啟（中啓）
→ p.215

細腰帯（腰帯）
→ p.229

1

水衣

水衣(みずごろも) · *mizugoromo*

一般庶民角色穿著的寬袖和服。素色的款式稱為「絓水衣」，有橫向波紋的款式稱為「縷水衣」；身著縷水衣代表是身分地位較低的角色。

一般庶民の役が着る広袖形の着物。無地のものを「絓（しけ）水衣」、横糸が波状になったものを「縷（よれ）水衣」という。縷水衣は身分の低い役に用いられる。

2

尉髪

尉髪(じょうがみ) · *jogami*

能劇中的老人髮型之一。假髮以馬尾巴的毛製成，日語稱為「馬尾毛（*basu*）」。戴假髮時須將毛髮盤起，再束上「元結」（277 頁）。

能に登場する老人の髪型の一種。鬘は馬尾毛（ばす）といって、馬の尾の毛でできている。鬘をつける際、そのつど毛を結い上げ、元結（277頁）をかける。

能劇面具

能劇表演中使用的面具，日語稱為「能面（*nomen*）」或「面（*omote*）」。乍看之下表情單調，但可藉由改變面向角度表達喜怒哀樂。能劇有男女老幼各種面具，在此介紹其中一部分。

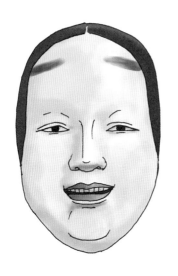

—
小面
こおもて
小面・*ko-omote*

最年輕的處子角色所戴的女角面具，代表純真。而比小面稍微年長的角色所戴的能面，稱為「若女」。

最も年若い、処女の役につける女面。純真さが表れている。小面よりやや年上の役には「若女（わかおんな）」をつける。

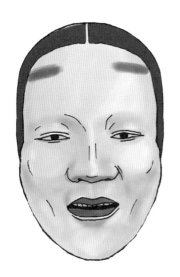

—
深井
ふかい
深井・*fukai*

中年女性角色所戴的女角面具，多為悲劇的母親角色。神色中略帶哀愁。

中年女性の役につける女面。特に、悲劇の母親役でつけられることが多い。哀愁をたたえた表情をしている。

能面・*nomen*

能で用いられる面のことを、能面もしくは面（おもて）という。表情に乏しいように見えるが、面の向きを変えることで喜怒哀楽を表す。老若男女さまざまな面があるが、その一部を紹介する。

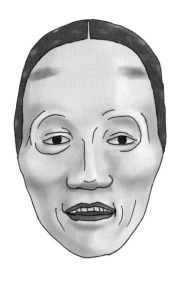

痩女
痩女・*yase-onna*

在地獄受執念所苦、瘦骨嶙峋的幽靈角色所戴的面具。

地獄で妄執に苦しむ、痩せ衰えた幽霊などの役につける面。

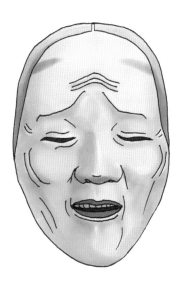

姥
姥・*uba*

充滿氣質的老嫗角色所戴的面具。

気品のある老婆の役につける面。

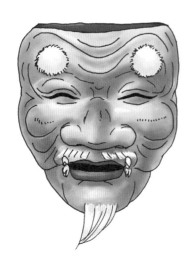

翁／白式尉

翁・*okina*

白式尉・*hakushikijo*

笑容滿面的老人面具。被視為能帶來幸福的面具，受人崇敬。使用這張面具的曲目《翁》是一齣特別的能劇，只在喜慶場合演出。另有相對於「白式尉」的「黑式尉」面具。

満面の笑みを浮かべた老人の面。幸福をもたらす祝福の面として、尊ばれている。この面が使われる曲目『翁』は特別な能で、めでたいハレの日に上演される。白式尉に対して、黒式尉もある。

般若

般若・*hannya*

因強烈的嫉妒而化為惡鬼，頭上長出角的女角面具。表情充滿怨恨與悲憤。

激しい嫉妬のあまり鬼と化し、角が生えた女性の面。怨恨と悲壮が表情に込められている。

飛出

飛出・*tobide*

具有一雙突出大眼的鬼神面具。「鬼神」是擁有超自然能力的存在，指人死後的靈魂或鬼怪。

大きな目が飛び出た鬼神の面。鬼神とは、超人的な力を持つ存在のことで、人間の死後の霊や化け物を指す。

大癋見

大癋見・*obeshimi*

天狗角色所戴的面具。名稱來自日語中的「へしむ（*heshimu*）」一詞，意為雙唇緊閉、恫嚇對方的樣子。而閻羅王或鬼神角色所戴的面具，則稱為「小癋見」。

天狗の役につける面。「へしむ」とは、口を閉じて強く力んで、相手を威嚇（いかく）すること。「小癋見」という面は閻魔（えんま）大王や鬼神の役につける。

能劇舞臺

能劇的舞臺原在戶外，因此即使轉而設於室內，仍保留屋頂和梁柱。
除了能劇演員之外，負責器樂伴奏的「囃子方」與負責合音的「地謠」
也會在舞臺上。

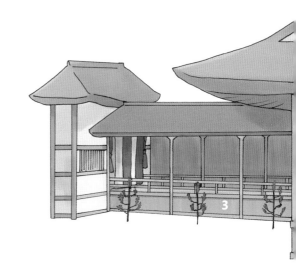

1

主舞臺

本舞台・*hombutai*

約 6m 見方的檜木製舞臺。木地板以直
向鋪設，擦得發亮。為了讓腳打出響亮
的拍子，有時會在舞臺下埋甕。

約6mの四方の総檜（ひのき）張りの舞台。
床板は縦張りで、光るほどに磨きこまれ
ている。足拍子で響きの良い音を出すた
め、舞台の下に甕（かめ）が埋められてい
ることがある。

2

階梯

階・*kizahashi*

設置於舞臺正面的樓梯。過去演員會走
下階梯，接受坐在觀眾席的貴賓打賞，
但現在一般已不使用。

舞台正面につけられた階段。昔は、役者が
客席の貴人から褒美をいただくときに使
っていたが、現在は通常使われることがな
い。

能舞台 · *nobutai*

能舞台は元々、野外にあったため、屋内にあっても屋根と柱がついている。能役者だけでなく、音楽を演奏する「囃子方（はやしかた）」と、バックコーラスの「地謡（じうたい）」が舞台に上がる。

1

2

___
3

廊道
はしがかり
橋掛り · *hashigakari*

連接揚幕（241 頁）與主舞臺的通道。演員、囃子方（242 頁）進退場時都會穿過這條廊道，也會在這裡進行表演。被視為連接陰陽兩界的通道。

揚幕（241頁）から本舞台へとつづく通路のこと。登場人物や囃子方（242頁）が入退場をする渡り廊下で、ここでも演技が行われる。この世とあの世をつなぐ道とされる。

___

觀眾席
けんしょ
見所 · *kensho*

觀眾席。主舞臺的真正前方日語稱為「正面（*shomen*）」，兩側稱為「脇正面（*waki-shomen*）」，而正面與脇正面之間的扇形區域稱為「中正面（*naka-shomen*）」。

客席のこと。本舞台の真正面の席を「正面」、本舞台を真横から見る席を「脇正面」、正面と脇正面の間にある扇形のエリアを「中正面」という。

主舞臺

（本舞台）

——1
鏡板　鏡板・*kagami-ita*

舞臺正面的背板，上面繪有松樹。繪製松樹的原因眾說紛紜，有一說是因為松樹常綠，不象徵特定的季節；另有一說是像門松（134頁）一般，有迎神並向神明獻藝的意義。亦具有提升音響效果的功效。

松が描かれた舞台正面の羽目板。松であることについては、常緑で特定の季節を象徴しない、門松（134頁）のように神を迎えて芸を奉納する意味が込められている、など諸説ある。音響効果もある。

——2
仕手柱　シテ柱・*shite-bashira*

距離主角（仕手，*shite*）所站位置最近的柱子。若該曲目的主角在上下半場扮相改變，則分別稱為「前仕手」與「後仕手」。

シテが立つ位置に近い柱。シテとは主役のこと。その曲目の前後半で、シテの姿が変わるとき、「前シテ」「後（のち）シテ」と呼び分けられる。

——3
脇柱　ワキ柱・*waki-bashira*

距離配角（脇，*waki*）所坐位置最近的柱子。配角也負責說明劇情，一般會在開場時就上臺，進行自我介紹與說明後，便一直坐在脇柱旁。

ワキが座る位置に近い柱。ワキとは脇役のことで、物語の進行役を務める。たいてい最初に出てきて、自己紹介や説明をしたあと、ワキ柱のそばにずっと座っている。

——4
目付柱　目付柱・*metsuke-bashira*

供能劇演員在表演時識別位置的柱子。由於能劇演員戴上面具後視野會變得狹窄，因此移動或跳舞時得靠目付柱判斷位置。

演能中の能役者の目印になる柱。面をつけると視野が狭くなるため、目付柱を頼りに歩みを進めたり、舞ったりする。

——5
笛柱　笛柱・*fue-bashira*

最靠近囃子方（242頁）的笛手位置的柱子。

囃子方（242頁）の笛が座る位置に近い柱。

廊道

（橋掛り）

―――1

一之松

一の松・*ichi no matsu*

―――2

二之松

二の松・*ni no matsu*

―――3

三之松

三の松・*san no matsu*

―――

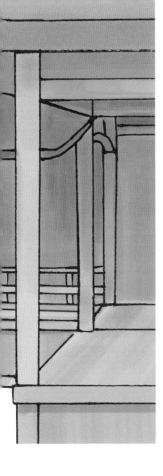

___4

揚幕 ［能劇］
揚幕・*agemaku* ［能］
あげまく

能劇演員及囃子方（242 頁）的出入口。上下臺時，會從內側用 2 根竹子將幕掀起。

能役者と囃子方（242頁）の出入り口。出入りする際に、内側から2本の竹で幕を上に揚げる。

囃子方

<ruby>囃子方<rt>はやしかた</rt></ruby>・*hayashikata*

演奏笛、小鼓、大鼓、太鼓的樂師。出場時會從揚幕（241頁）上臺。有些劇目不會使用太鼓。

笛、小鼓（こつづみ）、大鼓（おおつづみ）、太鼓を演奏する人々のこと。揚幕（241頁）から登場する。演目によっては太鼓が入らない場合もある。

地謠

<ruby>地謠<rt>じうたい</rt></ruby>・*jiutai*

和聲齊唱謠曲的人。從切戶口上下臺，一般為8人。

声をそろえて謡曲をうたう人々のこと。切戸口から出入りする。8人の場合が多い。

——3

後見

後見 · *koken*

能劇開演後，在後臺待命，負責協助演員的人。萬一演員因故無法繼續演出，則由後見上臺代演。同時也負責搬運道具。

曲が始まると、舞台の後ろに控えて能役者を助ける。万が一、役者が舞台を続行できなくなったときに代役を果たす。作り物など道具の出し入れも行う。

——4

大道具

作り物 · *tsukurimono*

能劇舞臺上使用的大道具。幾乎都是竹製的簡樸道具，以象徵的方式呈現家、岩石、船、水井、墳墓等物件。

能舞台で用いる大道具。ほとんどは竹組みの簡素なつくりで、家・岩・船・井戸・墓などをシンボリックに表現する。

——5

切戶口

切戶口 · *kiridoguchi*

地謠、後見等的小型出入口，位在面向舞臺的右後方。

地謡や後見が出入りする、舞台の向かって右奥の小さな出入り口。

能劇樂器

由笛（能管）、小鼓、大鼓、太鼓等4種樂器構成，如此的樂器組合稱為「四拍子」。演奏鼓和太鼓的樂師會配合節拍發出吆喝聲，與演員一同打造能劇的獨特世界。

調音繩
（調緒・*shirabeo*）

鼓棒
（桴・*bachi*）

太鼓

太鼓・*taiko*

將 2 張牛皮固定於鐵環上作為鼓面，夾住鼓身，再以麻製的調音繩綁住鼓身製成的鼓。鼓面中央貼有鹿皮，演奏時將太鼓置於木臺上，用 2 支鼓棒（桴，*bachi*）敲打。有各種演奏方式，例如用 1 支鼓棒壓住鼓面，以壓低鼓聲；或是交互敲出強、中、弱三種音量的鼓聲。

鉄の輪に張った2枚の牛皮に胴を挟み、麻の調緒で締めたもの。台に載せて、2本の桴（ばち）で打って演奏する。桴が当たる部分には鹿皮が張ってある。皮を桴で抑えて響かせない打ち方と、大中小と強弱をつけて音を響かせる打ち方がある。

能の楽器・*no no gakki*

笛（能管）、小鼓、大鼓、太鼓の４つの楽器による編成を「四拍子（しびょうし）」という。鼓と太鼓が掛け声をかけながら、役者と対等の立場で能の世界を構築する。

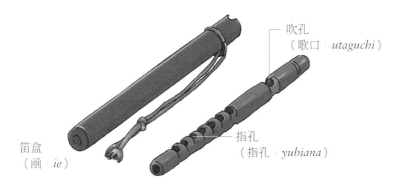

吹孔
（歌口・*utaguchi*）

指孔
（指孔・*yubiana*）

笛盒
（函・*ie*）

笛／能管
笛・*fue*／能管・*nokan*

將經過煙燻的煤竹剖成８片後，內外翻轉重新組成直筒狀，塗上多層漆，外層包上櫻樹皮。吹孔（吹口）與第一指孔之間被切開，插入稱為「喉」的竹管，以發出硬質的高音，同時為吹進笛中的氣增加層次，營造出獨特的音色。樂師在舞臺上演奏時，會將笛盒（函，*ie*）插在腰間。

煤竹（すすだけ）を8つに割って内外を逆にして筒状にし、漆を塗り重ね、桜の樺を巻いてつくられる。歌口（吹口）と第一指孔の間を切断して、ノド（喉）と呼ばれる竹管を挿入している。これにより、硬質な高音と、吹き込む息の音が多層的に重なって独特の音色をつくる。笛筒（函／いえ）は舞台上でも脇に差している。

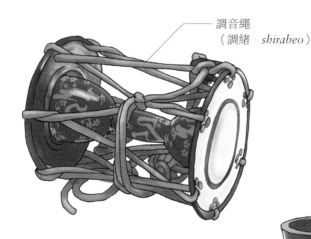

調音繩
（調緒・*shirabeo*）

鼓身
（鼓胴・*kodo*）

小鼓

小鼓・*kotsuzumi*

將 2 張馬皮固定於鐵環上作為鼓面，夾住鼓身，再以麻製的調音繩綁住鼓身製成的鼓。樂師以左手握住調音繩，將鼓扛在右肩上，用右手打鼓。隨著左手控制的調音繩鬆緊，以及擊鼓時使用的手指數量與拍打位置的不同，可以演奏出強、弱的高音（甲，*kan*）以及強、弱的柔音（乙，*otsu*）等 4 種基本音色。

鉄の輪に張った2枚の馬皮に胴を挟み、麻の調緒で締めたもの。左手で調緒を持って右肩に担ぎ、右手で打つ。左手の調緒の扱いと、打つ指の数や位置によって、甲高い音（甲／かん）の強弱、柔らかい音（乙／おつ）の強弱、4 種を基本とした音色をつくり出す。

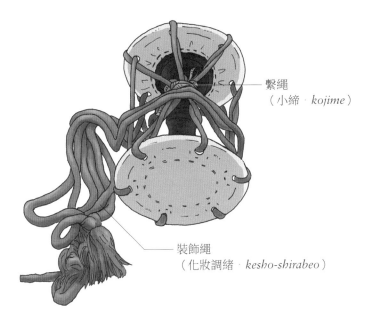

繫繩
（小締 · *kojime*）

裝飾繩
（化妝調緒 · *kesho-shirabeo*）

大鼓

<ruby>大鼓<rt>おおつづみ</rt></ruby> · *otsuzumi*

製作方法與小鼓相同，但在演奏前會用炭火烘烤鼓皮，使其乾燥變硬，再綁上調音繩，最後繫上繫繩，以發出高音。樂師以左手握住調音繩，將鼓置於左膝上，用右手打鼓。在囃子方中，大鼓扮演著領導的角色。

小鼓と同じつくりだが、演奏前に炭火で皮を焙じて硬く乾燥させ、調緒を締め上げ、小締をさらに締めることによって高音を出す。左手で調緒を持って左膝の上に構え、右手で打つ。大鼓は囃子をリードする役割を持つ。

襲裝束——《北庭樂》

襲裝束－『北庭楽』 · *kasane shozoku* －"*Hokuteiraku*"

由平安時代武官的正式服裝「束帶」演變而來的服裝。在名為「袍」的外衣之下還穿了許多層衣服，因此稱之為「襲」，在日語中有重疊之意。

平安時代の武官の正装「束帯（そくたい）」を変化させた装束。袍（ほう）という上着の下に、さまざまな衣装を重ねることから「襲」の名が付いた。

下襲
→ p.251

雅楽の装束・*gagaku no shozoku*

雅楽とは、日本古来の歌と舞、大陸から伝わった器楽と舞が融合したもの。その伝統的な装束は色鮮やかで、格調高いデザイン性を持つ。ここではその一部を紹介する。

____ 1
袍　袍・*ho*

在緋紅色或綠色的薄透布料上繡有圓形花紋的外衣。前片捲起，後片的下襬拖地。

緋色あるいは緑色の透ける生地に、丸い紋を刺繍した上着。前身頃（まえみごろ）はたくしあげ、後ろ身頃は裾を長く引く。

____ 2
半臂　半臂・*hampi*

穿在袍內的無袖上衣。

袍の下に着る、袖なしの胴着。

____ 3
指貫　指貫・*sashinuki*

下襬有繩子貫穿的袴（213頁）。穿著時將繩子束緊，使褲管膨起。

裾に紐が通してある袴（213頁）のこと。紐で裾をくくり、ふっくらさせる。

____ 4
踏懸　踏懸・*fugake*

一種包覆雙腳小腿的綁腿布（脚絆，*kyahan*），穿在指貫之上。

左右の脛（すね）を覆う脚絆（きゃはん）の一種で、指貫の上から着装する。

____ 5
絲鞋　糸鞋・*shikai*

雅樂用的鞋子。以白色絲線織成，鞋底黏貼白色皮革。

雅楽で用いる履き物。上部を白絹の組糸で編み、底に白革を貼り付けている。

____ 6
鳥甲　鳥甲・*torikabuto*

象徵鳳首的帽子。穿著襲裝束的曲目大多都會配戴。

鳳凰の頭を象った被り物。襲装束を着用する大半の曲で用いられる。

蠻繪裝束──《長保樂》
蛮絵装束－『長保楽』・*ban-e shozoku*－"*Choboraku*"

在宮中擔任護衛、陪同天皇出巡的官吏外出時的裝扮。袍（249頁）上繡有相對的獅子紋樣，稱為「蠻繪」。

宮中の警護や行幸の供をする官人が、外出時に着用した装束。袍（ほう／249頁）に蛮絵と呼ばれる向かい獅子の文様が刺繍されている。

袍
→ p.249

——1
表袴
表袴（うえのはかま）・*uenohakama*

穿在紅色寬袴外的袴。不同於指貫（249頁），不會束起下襬。

赤大口（あかおおぐち）袴の上につける袴。指貫（249頁）と異なり、裾を括らない。

——2
下襲
下襲（したがさね）・*shitagasane*

穿在袍或半臂（249頁）裡的內襯。後方拖著長長的下襬。

袍や半臂（はんぴ／249頁）の下に着る内着。後ろに長い裾が付いている。

——3
卷纓冠
卷纓冠（けんえいのかん）・*ken-ei no kan*

一種奈良時代或平安時代侍奉於朝廷的官吏所戴的頭冠。冠上的裝飾品「纓」呈捲曲狀者，稱為「卷纓」。

奈良時代や平安時代に朝廷に出仕する官人などが被った冠の一種。冠に付ける飾り（纓／えい）が丸まっているものを巻纓という。

——4
緌
緌（老懸）（おいかけ）・*oikake*

裝在武官的頭冠上，覆蓋臉部兩側的扇形裝飾。以黑馬的尾毛製成。

武官の冠につけて、顔の左右を覆う扇形の飾り。黒馬の尾毛でつくられている。

別裝束——《陵王》

別裝束－『陵王』・betsu shozoku －" Ryo-o"

別裝束是在特定劇目穿著的特殊裝束。《陵王》源自中國的蘭陵王，據說他為了遮掩自己俊美的相貌而戴上面容兇猛的面具，使士氣大振，最後獲得勝利。

別装束とは、特定の演目で用いる固有の装束のこと。『陵王』は中国の蘭陵王に由来する。猛々しい仮面で美しさを隠したことにより、兵士の士気が上がって勝利を収めたとされる。

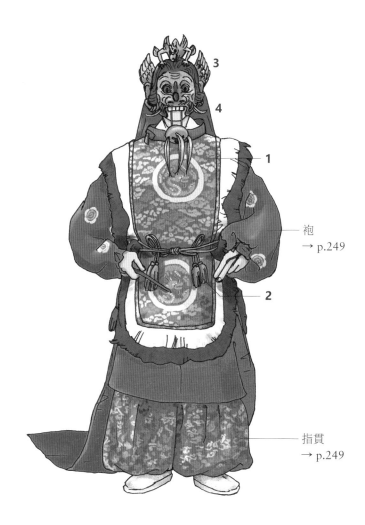

袍
→ p.249

指貫
→ p.249

——1

裲襠

裲襠・*ryoto*
りょうとう

在布的中央開口，讓頭穿過的套頭式上衣。在別裝束中，穿著裲襠者亦可稱為「裲襠裝束」。而陵王的裲襠屬於唐織，邊緣為毛邊，因此又稱為「毛緣裲襠」。

布の中央に穴をあけて、頭を通して着る貫頭衣のこと。別装束のなかで、裲襠（りょうとう）を着用するものは「裲襠装束」ともいう。なかでも、この裲襠は唐織で、縁が毛になっているため「毛縁（けべり）裲襠」という。

——2

裲襠腰帶

当帯・*ate-obi*
あておび

綁在裲襠上的細腰帶。從背後將紅繩拉到正面打結。

裲襠の上から締める腰帯。背面に当て、前面に紅色の紐をめぐらして締める。

——3

陵王面

陵王面・*ryo-o-men*
りょうおうめん

陵王專用的面具。上半部為龍，下巴和眼睛為可活動的構造。穿著別裝束的曲目大多會配戴面具。

陵王専用の面。上部に龍をいただいたもので、顎や目が動く構造になっている。別装束では面をつける曲が多い。

——4

牟子

牟子・*mushi*
むし

一種頭巾。戴面具時一定會先戴在頭上，讓布垂在後方。

頭巾の一種。面をつける際に必ず被って、頭の後ろに垂らす。

篳篥

篳篥・*hichiriki*

直笛的一種，竹管正面有 7 個孔、背面有 2 個孔，吹奏時會在頂端插入以蘆葦製作的簧片。幾乎所有的樂曲都會使用，負責主旋律。屬高音，但音域不廣。

縦笛の一種。表に7孔、裏に2孔がある竹管。葦（あし）でつくったリードを差し込んで用いる。ほとんどの楽曲に用いられ、主旋律を担当する。高音で、音域は広くない。

雅樂笙

笙・*sho*

將 17 支竹管插入檜木或櫻木製的碗型底座所製成的樂器。其中 15 支竹管裝有響銅（銅、錫、鉛的合金）製的簧片，演奏時使其振動，發出和音。據說笙的形狀象徵鳳凰。

竹管17本を、檜や桜でつくった椀型の頭（かしら）に差し込んだもの。15本の管につけたさはり製（銅、スズ、鉛の合金）のリードを振動させて和音を奏でる。笙は鳳凰をイメージした形といわれる。

雅楽の楽器 · *gagaku no gakki*

雅楽には、音楽だけを演奏する曲「管絃」、舞を伴う曲「舞楽（ぶがく）」
がある。楽器は西洋音楽と同様に、管楽器（吹物）・絃楽器（弾物）・打
楽器（打物）に分類される。

高麗笛

高麗笛 · *komabue*

横笛的一種，共有 6 個吹孔和指孔。尺寸比篳篥大，音域較廣。主要使用於「高麗
樂」、「右方舞」等源自朝鮮的雅樂。

横笛の一種。歌口と指孔が6つある。篳篥（ひちりき）より大きく、広い音域を持つ。主
に「高麗楽（こまがく）」「右方舞（うほうまい）」という朝鮮系の雅楽に使われる。

龍笛

龍笛 · *ryuteki*

横笛的一種，共有 7 個吹孔和指孔。比高麗笛長且粗。主要使用於「唐樂」、「左
方舞」等源自中國的雅樂。

横笛の一種。歌口と指孔が7つある。高麗笛より長くて太い。主に「唐楽（とうがく）」「左
方舞（さほうまい）」という中国の雅楽で使われる。

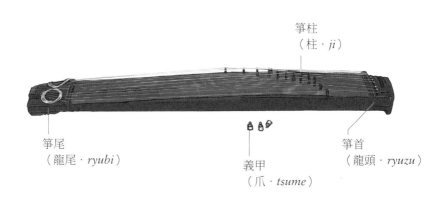

箏柱
（柱・*ji*）

箏尾
（龍尾・*ryubi*）

義甲
（爪・*tsume*）

箏首
（龍頭・*ryuzu*）

雅樂箏
楽箏（がくそう）・*gakuso*

具 13 弦的樂器，是現代箏的起源，構造上幾乎相同。琴身為桐、琴弦為絹絲、箏柱為紫檀製作。僅用於純音樂演奏的「管絃」。

現在の箏のルーツである13絃の楽器。構造はほぼ同じで、本体は桐、絃は絹、柱（じ）は紫檀（したん）などでつくられている。音楽だけを演奏する「管絃」にのみ用いられる。

義甲
爪（つめ）・*tsume*

彈奏雅樂箏時，套在指尖的甲片。

指に小さな爪をはめて、楽箏（がくそう）を演奏する。

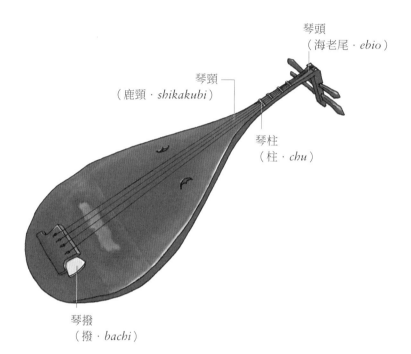

琴頭
（海老尾 · *ebio*）

琴頸
（鹿頸 · *shikakubi*）

琴柱
（柱 · *chu*）

琴撥
（撥 · *bachi*）

雅樂琵琶

<ruby>楽琵琶<rt>がく び わ</rt></ruby> · *gakubiwa*

具 4 弦 4 柱的弦樂器，使用黃楊木製作的琴撥彈奏。奈良時代從波斯經由絲路傳入日本。與雅樂箏相同，僅用於純音樂演奏的「管絃」。

4絃・4柱の絃楽器。黄楊（つげ）の撥（ばち）を用いて演奏する。奈良時代にペルシアからシルクロードを経て伝来した。楽箏と同様に、管絃にのみ用いられる。

鉦鼓

鉦鼓・*shoko*

雅樂中唯一的金屬樂器。長長的鼓棒前端為圓形的水牛角，以雙手持鼓棒演奏。演奏方法有兩種：以單支鼓棒敲打 1 次，或是 2 支鼓棒各敲打 1 次。雅樂的打擊樂器還包括「鞨鼓」與「三之鼓」，形狀與鼓幾乎一樣，但鼓棒敲打的位置不同。

雅楽で唯一の金属性の楽器。丸い水牛の角が先端についた長い桴（ばち）を、両手で持って打つ。鉦鼓（しょうこ）は片方の桴で1度打つ奏法と、2本で2度打つ奏法がある。打楽器にはほかに「鞨鼓（かっこ）」と「三ノ鼓」があり、形は鼓とほぼ同じだが、桴で打つところが異なる。

釣太鼓／雅樂太鼓

釣太鼓 · *tsuri-daiko* ／楽太鼓 · *gaku-daiko*
つりだい こ　　　　　　　　　　　がくだい こ

懸吊在圓框內的雙面太鼓，鼓棒以皮革纏繞，前端呈圓形，用雙手持鼓棒演奏。只用於「管絃」，而「舞樂」使用的則是架設在舞臺上、高達 2m 以上的「大太鼓」。

円形の枠内に吊るされた両面太鼓。皮を巻いた先の丸い桴を両手に持って打つ。管絃にのみ用いられるが、舞楽では舞台上に据えられた2m以上もある「大太鼓（だだいこ）」が用いられる。

文樂人偶與操偶師

文樂是一種配合名為「淨瑠璃」的說唱內容，操縱人偶演出的表演藝術，古稱「人形淨瑠璃」。由操偶師、稱為「太夫」的說唱者，以及演奏三味線的樂師，這三個角色共同演出。

1

文樂人偶
ぶんらくにんぎょう
文楽人形 · *bunraku-ningyo*

有頭、身體、雙手、雙腳的人偶。會依照故事角色選擇頭部、綁頭髮。一般是先替身體縫上衣服，裝上手腳，最後再嵌入頭部。

首（かしら）、胴部、両手、両足からできている。役柄に合った首を選び、髪を結う。胴部に衣装を縫い付け、手足を取り付け、最後に首をはめる。

2

主操偶師
おもづか
主遣い · *omo-zukai*

操縱人偶的頭與右手的人。操偶師用左手支撐人偶的頭部，並操縱頭部動作與表情，右手則用來操縱人偶的右手。

人形の首と右手を操る人。左手で人形の首を支えながら、頭の動き、顔の表情を操作し、右手で人形の右手を動かす。

文楽とは、浄瑠璃という語りに合わせて人形を操る芸能で、古くは「人形浄瑠璃」と呼ばれていた。人形遣い、語り手である太夫（たゆう）、三味線奏者が三位一体となって演じる。

3

舞臺木屐
ぶたいげた
舞台下駄・*butai-geta*

主操偶師會穿著舞臺木屐，以利靈活移動。

主遣いが舞台下駄を履くことで、足遣いが楽に動けるようにする。

4

左操偶師
ひだりづかい
左遣い・*hidari-zukai*

操縱人偶左手的人。操偶師用左手支撐人偶的腰部，用右手操縱人偶的左手，同時也負責人偶使用的小道具。

人形の左手を操る人。左手で人形の腰を支え、右手で人形の左手を操作する。同時に、人形が使う小道具の出し入れも行う。

5

足操偶師
あしづかい
足遣い・*ashi-zukai*

操縱人偶雙腳的人。女偶沒有腳，因此會透過衣襬來表現腳部動作。操偶師會配合動作，用自己的腳打拍子。

人形の足を操る人。女の人形は足がないため、着物の裾さばきで表現する。動きによって、自分の足を踏みならして足拍子をとる。

黑衣
くろご
黒衣・*kurogo*

足操偶師和左操偶師會穿著黑色服裝、頭戴黑色頭巾，黑衣的裝扮暗示著不存在。歌舞伎的表演中也有負責輔助演員或準備小道具的黑衣角色。

足遣いと左遣いは黒い衣装で黒頭巾を被る。黒衣は存在しないことを暗示する。歌舞伎でも役者の手助けをしたり、小道具を用意したりする。

面向操偶師操縱人偶的舞臺，右手邊是負責說唱淨瑠璃的太夫以及三味線樂師所坐的舞臺，稱為旋轉臺。

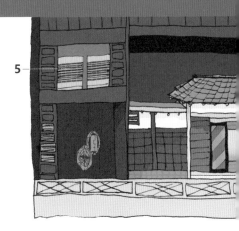

5

太夫

太夫 · *tayu*

講述淨瑠璃的人。淨瑠璃是一種日本傳統說唱藝術，江戶時代有一位名叫竹本義太夫的淨瑠璃表演能手，從此「義太夫」便成為淨瑠璃的別名。

浄瑠璃を語る人。浄瑠璃とは、日本の音楽の一種で、物語に節をつけて語る芸能。江戸時代に浄瑠璃語りに秀でた竹本義太夫（ぎだゆう）が登場してから、浄瑠璃は義太夫とも呼ばれる。

三味線樂師［文樂］

三味線 · *shamisen*［文楽］

配合太夫的說唱，彈奏粗桿三味線（294 頁）的樂師。

太棹の三味線（294頁）を構えて、太夫の語りに合わせて弾く人。

劇本架

見台 · *kendai*

放置書本以供閱讀的書架。在表演文樂時，太夫會將名為「床本」的手寫劇本放在書架上，一個人唸出所有角色的臺詞與旁白。

書物をのせて読む台のこと。文楽では床本（ゆかほん）と呼ばれる手書きの台本をのせる。太夫は床本に書かれたすべての登場人物のセリフと地の文を一人で語る。

文楽の舞台 · *bunraku no butai*

人形遣いが人形を操る舞台の向かって右に、浄瑠璃を語る太夫と三味線奏者が座る床（ゆか）がある。

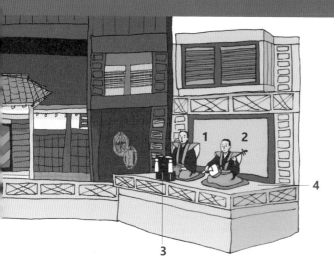

4

旋轉臺
床 · *yuka*
（ゆか）

旋轉式舞臺。開幕後，旋轉臺會旋轉半圈，讓坐在後面的太夫和三味線樂師出場。而隨著場景轉換，下一場即將上場的太夫和三味線樂師，也會先在舞臺後方待命。

回転式の床。開幕すると、無人の床が半周して、太夫と三味線が登場する。場面が変わるごとに、次に登場する太夫と三味線が、後ろに控えていて入れ替わる。

5

御簾
御簾 · *misu*
（みす）

掛在室內門窗等開口處的竹簾。年輕的太夫和三味線樂師，會在面對文樂舞臺右側的御簾後方待命，負責在串場的時候演出淨瑠璃（義太夫）。而左側的御簾後方，則是演奏太鼓、鐘等打擊樂器的樂師。

室内の開口部や窓に掛ける、竹ひごなどを編んでつくられた簾（すだれ）のこと。文楽の舞台では、向かって右手の御簾の内側に若手の太夫と三味線が控え、つなぎの場面などの浄瑠璃（義太夫）を務める。左手の御簾の内側では、太鼓や鐘などの鳴物が演奏される。

歌舞伎是一種日本傳統的表演藝術，在江戶時代成為庶民文化而蓬勃發展。不論角色的性別為何，歌舞伎演員清一色為男性。以下將介紹遵循傳統之美的服裝，以及江戶時代不同身分階級的裝扮。

柔弱美男子——《戀飛腳大和往來》忠兵衛

つっころばし－『恋美脚大和往来』忠兵衛 · *tsukkorobashi －
"Koibikyaku Yamato Orai" Chube*

角帶（角帯）
→ p.173

菸袋（煙草入れ）
→ p.286

歌舞伎の装束 · *kabuki no shozoku*

歌舞伎とは江戸時代の町人文化として花開いた伝統芸能。男役、女役関係なく、歌舞伎役者はすべて男性。様式美にあふれた衣装から、江戸時代の身分に応じた装束まで紹介する。

柔弱美男子是一種不知世事、個性溫和的大少爺角色，經常出現在描寫庶民生活的故事中。日語的「つっころばし（*tsukkorobashi*）」原意為彷彿只要輕輕推一下肩膀就會倒下，用以形容其弱不禁風的模樣。

「つっころばし」とは、庶民の生活を描いた世話物によく登場する、世間知らずな気の優しい若旦那のこと。肩を突っ込むと倒れてしまいそうなことを言い表している。

___ 1

日常服

着流し · *kinagashi*

男性的日常裝扮，下半身不穿袴。圖為直條紋和服搭配碎花紋（169頁）的羽織（213頁）。

男性の日常の装い方で、袴をつけない。イラストは縞の着物に、小紋（169頁）の羽織（213頁）を纏っている。

___ 2

丁字髷

丁髷 · *chon-mage*

日本傳統男性髮型之一。將頭頂的頭髮剃掉，再把剩下的頭髮紮成髮髻。日語中，剃掉頭髮的部分稱為「月代（*sakayaki*）」，髮髻的部分則稱為「髷（*mage*）」。

男性の日本髪の一種。頭頂部の髪を剃りあげ、余った髪を束ねて折り曲げた髪型のこと。頭髪を剃りあげた部分を月代（さかやき）といい、束ねた髪の部分のことを髷という。

___ 3

鬢角

鬢 · *bin*

臉龐兩側的頭髮。

顔の両サイドの髪。

___ 4

垂髪

しけ · *shike*

指從鬢角垂落的一束亂髮。

髪が乱れて、鬢から垂れた一筋の髪のこと。

武士——《壽曾我對面》曾我五郎時致

武士－『寿曽我対面』曽我五郎時致・bushi －"Kotobuki Soga no Taimen" Soga Goro Tokimune

在根據史實改編的歷史劇，也就是所謂的時代劇中，主角武士的服裝會隨著時代與角色的不同而有各種樣式。圖中的武士禮服（裃，267頁）和袴裝，是時代劇中最常見的裝束。

時代物（歴史的事件を主題とした演目）の主役となる武士の装束は、その時代と役柄によって多種多様。イラストのような裃（かみしも）と袴姿は、時代物では一般的な装束である。

266

武士禮服
裃（上下）· *kamishimo*

武士的正式禮服，由名為「肩衣」的上衣與袴（213 頁）組成的套裝。自室町時代便有此服裝，到了江戶時代，肩衣的肩膀部分變寬，而衣襟部分也不再交疊。

武士の礼装で、肩衣（かたぎぬ）という上衣と袴（213頁）という下衣のセットのこと。室町時代からある装束で、江戸時代の肩衣は肩幅が広くなり、衿を重ねないような形に変化した。

____ 2

長袴
長袴 · *naga-bakama* ／引袴 · *hiki-bakama*

褲長比腳還要長、下襬拖地的袴。圖中的長袴和肩衣組合成套稱為「長裃」。若搭配的袴為長度及踝的半袴，則稱為「半裃」。

裾が足よりも長く、引きずるようにして履く袴のこと。イラストのような長袴と肩衣の裃を「長裃」という。足首までの半袴の場合は「半裃」という。

____ 3

隈取／剝身隈
隈取 · *kumadori* ／むきみ隈 · *mukimi-kuma*

歌舞伎獨特的妝容。誇張地描繪出血管與肌肉的隆起，經常出現在以豪放演出為特徵的「荒事」劇目中。隈取有各種不同樣式，例如藍色的隈取表示反派角色，至於圖中的「剝身隈」則用於充滿正義感的年輕男性角色，讓觀眾可以一眼看出該角色的性格。

隈取とは歌舞伎特有の化粧のこと。荒事（あらごと）と呼ばれる豪快な様式美が特徴の演目でよく見られる、血管や筋肉の隆起を誇張して描かれたもの。さまざまな隈取があり、青い隈取は悪役を表すなど、ひと目でその人物の素性がわかる。イラストの「むきみ隈」は正義感のある若々しい男前の役に用いられる。

反派——《暫》成田五郎

腹出し－『暫』成田五郎・haradashi － "Shibaraku" Narita Goro

反派角色在日語中稱為「腹出し（haradashi）」，取自角色露出紅色的腹部。歌舞伎中，冷酷的壞人首領稱為「實惡」，而其手下的這種反派角色則稱為「端敵」。

「腹出し」とは敵（かたき）役のこと。赤い腹を出していることから名が付いた。冷酷な大悪人を「実悪（じつあく）」というのに対し、その家来である腹出しのような悪役は「端敵（はがたき）」という。

1

赤面　赤っ面 · *akattsura*
<small>あか　つら</small>

將臉塗成紅色的妝容，或指化這種妝的角色。常用於「端敵」等反派角色。

顔を赤く塗る化粧のこと。もしくはそのような化粧をする人物。腹出しのような端敵によく使われる。

2

緊身衣　着肉 · *kiniku*
<small>き　にく</small>

穿在衣服裡的貼身衣物總稱。種類繁多，例如有刺青圖樣的緊身衣日語稱為「刺青着肉（*shisei-kiniku*）」，像抹上化妝白粉的白色緊身衣則稱為「白粉著肉（*oshiroi-kiniku*）」。

衣裳の下に着用するものの総称。刺青の柄が入った「刺青着肉」や、白粉を塗ったように白い「おしろい着肉」など、さまざまな種類がある。

3

鋪棉緊身衣　肉襦祥 · *niku-juban*
<small>にくじゅばん</small>

填入棉花，使穿上的人看起來變胖的緊身衣。經常用於扮演體格高大的角色。

綿を入れて太らせた着肉の通称。体格の大きな役を演じる際によく用いられる。

4

纏膝三角巾　三里当て · *sanriate*
<small>さんり　あ</small>

為了遮蓋針灸痕跡，而纏繞在膝蓋下方的三角巾。江戶時代庶民主要以徒步方式移動，據說為了減輕雙腳的疲勞，常在膝蓋外側的穴道「足三里」進行針灸。

「三里」というツボに灸（きゅう）を据えた跡を隠すために膝下に巻いた三角布のこと。江戸時代の庶民の移動手段は徒歩が基本であったため、足の疲労回復に効くという膝の外側のツボ「三里」に灸を据えたという。

5

板鬢　板鬢 · *ita-bin*
<small>いたびん</small>

用鬢髮油（鬢付け油，*bintsuke-abura*）使左右兩側鬢髮豎起並加以固定的造型。是一種常見於「荒事」劇目的髮型，表示該角色力大無窮。

左右に張り出させて固めた板のような鬢（びん）のこと。鬢付け油で磨き上げてつくる。荒事（あらごと）でよく使われる髪形で、力強さを表す。

赤姫──《妹背山婦女庭訓》橋姫

赤姫－『妹背山婦女庭訓』橋姫・*akahime* － *"Imoseyama Onna Teikin" Hashihime*

歌舞伎的公主角色大多穿著紅色和服，因此稱為「赤姫」。如此裝扮正符合純真又熱情的年輕女性形象。

歌舞伎の姫役は赤い着物を着ていることが多いことから「赤姫」と呼ばれる。純情でありながら情熱的な若い女性にふさわしい格好である。

懐紙（懐紙）
→ p.191

振袖
→ p.165

---1

志古貴帶／抱帶
しごき帶・*shigoki-obi*／抱え帶・*kakae-obi*

將過長的和服捲起後固定，防止下襬拖地的布條。江戶時代出身富貴的女性，基本上都會拖著長長的和服下襬在屋裡行動，但外出時為了避免弄髒衣服，會使用志古貴帶調整下襬的長度。

長い裾をたくし上げて、引きずらないようにするための布。江戶時代の高貴な女性は、基本的に着物の裾を引いて屋内を歩くが、外出時は汚れないようにしごき帶を使って裾の長さを調節していた。

---2

棉腰帶繩
丸ぐけ・*maruguke*

腰帶繩（176頁）的一種，用布包覆棉花製成的細長繩子。在歌舞伎中只使用此款腰帶繩。

帯締め（176頁）の一種で、布で綿を包んでつくる細長い紐。歌舞伎では丸ぐけしか用いない。

---3

吹輪銀簪
吹き輪銀の前ざし・*fukiwa gin no maezashi*

插在赤姬最具代表性的髮型「吹輪」前方的大髮簪。圖中的銀簪為花朵造型。儘管名稱中具有「銀」字，但歌舞伎中使用的髮飾大多由紙或布製成。

赤姬定番の髪型「吹き輪」の前方につけた大きな簪（かんざし）のこと。イラストの銀の前ざしは花をかたどっている。銀といっても、歌舞伎で使われる髪飾りはほとんどが紙と布でできている。

町娘──《松竹梅雪曙》八百屋阿七

町娘－『松竹梅雪曙』八百屋お七・*machi-musume －"Shochikubai Yuki no Akebono" Yaoya Oshichi*

「町娘」意指庶民女子，相對於赤姬（270頁）身穿的華美和服，町娘大多穿著條紋（202頁）、格紋（204頁）或碎花紋（169頁）的和服。

町娘とは、町人の娘など庶民の女子のこと。赤姫（270頁）が豪奢な柄入りの着物であるのに対して、町娘は縞（202頁）や格子（204頁）、小紋（169頁）の着物が多い。

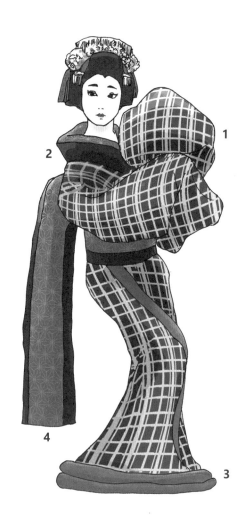

____1

黄八丈

黄八丈・*kihachijo*

以黃色布料為底，具紅褐色（鳶色，*tobi-iro*）或弁柄色（193 頁）的條紋或格紋絹織品。原為八丈島當地的染織品，因而得名。

黄色地に鳶（とび）色や弁柄色（193頁）の縞や格子が入った絹織物。元々、八丈島で染めて織られていたことからのネーミング。

____2

黒襟

黒衿・*kuro-eri*

黑色的掛襟（162 頁）。最初是為了避免鬢髮油弄髒和服的衣襟而加上黑襟，到了江戶時代則演變為一種流行。

黒い掛衿（162頁）のこと。着物の衿が鬢付け油で汚れないように黒衿をつけたことが始まりで、江戸時代にはオシャレの1つにもなった。

____3

鋪棉下襬

ふき綿・*fukiwata*

鋪棉的和服下襬。將和服下襬的內裡往外反折，再填入棉花以增加厚度。據說是為了避免下襬表面弄髒或破損，同時也有增加重量的效果。

真綿が入った着物の裾のこと。着物の裏地を表に折り返して、綿を入れて厚みを出している。表地の裾の傷みや汚れを防ぐために始まったとされ、おもりの役割も果たしている。

____4

垂結

振り下げ・*furisage*

腰帶綁法（174 頁）之一，將腰帶兩端長長垂下的結。在歌舞伎中，為了讓結的形狀看起來更漂亮，在纏繞身體的部分和垂下的部分會使用兩條不同的腰帶。

帯結び（174頁）の一種で、帯の両端を長く垂らした結び方。歌舞伎では帯の結び目を形よく見せるために、胴に回している部分と垂らしている部分に、別々の帯を用いている。

花魁──《籠釣瓶花街醉醒》八橋

花魁─『籠釣瓶花街醉醒』八橋・oiran ─ *"Kagotsurube Sato no Eizame"* Yatsuhashi

「花魁」是教養與容貌兼備的高級娼妓。穿戴著豪華絢爛的和服與髮飾的花魁，可謂引領著江戶時代的時尚潮流。

花魁（おいらん）とは、教養と美貌を兼ね備えたトップクラスの遊女のこと。豪華絢爛な着物や髪飾りをしていた遊女たちは、江戸時代のファッションリーダー的存在だった。

——— 1

花魁道中腰帶

まないた帯・*manaita-obi*

花魁在「花魁道中」時繫的腰帶。繫腰帶時會把結打在正面，特意展現腰帶上精美的刺繡或華美的織工。江戶時代的大名之妻或富家女子也會把結打在正面，但由於腰帶逐漸變寬，打在正面的結會影響行動，因此逐漸演變為打在背後。

花魁が「花魁道中」で締める帯のこと。細かい刺繍や織りの華やかさを主張するように、前に結ぶ。江戸時代の大名の妻や裕福な女性も前結びをしていたが、帯の幅が広がるにつれ、結び目が動作の邪魔になるために後ろで結ぶようになった。

——— 2

花魁道中服

道中着・*dochugi*

花魁在「花魁道中」時穿的華麗和服。所謂「花魁道中」，是花魁帶著新進的見習娼妓前去迎接恩客的遊街行為。而在室內待客的時候，花魁會穿著比較低調樸素的和服。

「花魁道中」の際に着る華やかな着物。花魁道中とは、新造などの見習い遊女らを引き連れて、ひいきの客を迎えに行くこと。座敷では道中着に比べて落ち着いた着物を着ている。

——— 3

玳瑁髮飾

鼈甲の髪飾り・*bekko no kamikazari*

花魁等娼妓會使用許多玳瑁材質的髮簪或髮笄，打造出華麗的髮型。玳瑁是用一種棲息於熱帶的海龜——玳瑁的甲殼加工製成。由於玳瑁價格昂貴，因此據說當時市面上有用馬蹄製成的仿製品，日語稱為「馬爪櫛（*bazu-gushi*）」。

花魁をはじめとして、遊女は鼈甲（べっこう）の簪（かんざし）や笄をたくさん使った豪奢な髪型にしていた。鼈甲は熱帯に棲むウミガメの一種・タイマイの甲羅の加工品。高級品のため、馬の爪でつくられた馬爪（ばず）櫛と呼ばれる模倣品が出回ったという。

——— 4

三齒木屐

三歯下駄・*samba-geta*

有三個屐齒、高 20cm 以上的木屐。在花魁道中時穿，非常重。花魁走路時會腳畫八字步，緩慢滑步前進。

三本の歯がついた、20cm以上高さのある下駄。花魁道中で履く下駄で、非常に重い。花魁は足を滑らせるように、八文字を描いてゆっくりと歩く。

1

2

3

鹿胎絞染布
（鹿の子絞りの布）

結綿

ゆいわた
結綿 · *yuiwata*

日本傳統髮型之一，是年輕未婚女性經常梳的髮型。以名為「島田髻」的髮型為基礎，再用鹿胎絞染（鹿の子絞り，*kanoko-shibori*）的碎布進行裝飾。此外也有已婚女性梳的髮髻，從髮型便能看出女性的身分。

日本髮の一種で、若い未婚の娘がよく結う髪型。島田髻という髪型をベースに、鹿の子（かのこ）絞りなどの布切れが掛けられている。ほかにも既婚女性が結う髻があり、髪型を見ればどのような立場の女性かがわかった。

歌舞伎の髪飾り · *kabuki no kamikazari*

江戸時代の女性は髷（まげ）を結う際に、さまざまな髪飾りを用いる。歌舞伎では被り物を見れば、その人の素性がわかる。ここでは、髪飾りと被り物の一部を紹介する。

___
1

元結

元結 · *mottoi*（*motoyui*）

綁頭髮用的繩子或線。近世以紙繩為主流。

髪をまとめるための紐や糸のこと。近世は紙を縒ったものが主流となった。

___
2

丈長

丈長 · *takenaga*

一種和紙製的髮飾。

和紙製の髪飾りの一種。

___
3

布花髮簪

つまみ簪 · *tsumami-kanzashi*

飾有球狀和風布花（つまみ細工，*tsumami-zaiku*）的髮簪。和風布花是一種日本傳統工藝，將薄布或紙張折疊並黏合，組成動植物的形狀。

球状のつまみ細工がついた簪（かんざし）。つまみ細工とは、薄い布や紙を小さくつまんで糊付けしていき、動植物などをかたどった伝統的な手芸のこと。

角隱／揚帽子

角隠し・*tsunokakushi*
揚帽子・*age-boshi*

防塵的外出帽。以布的中央蓋住瀏海，再將兩端繞到髮髻後方固定。明治時代以後，轉變為新娘在婚禮上戴的頭飾（210頁）。

塵除けのために被る、外出用の帽子。布の中央を前髪に被せ、両端を髷の後ろに回してとめる。明治以降は婚礼の際に花嫁が被るものになった（210頁）。

紫帽子

紫帽子・*murasaki-boshi*

為歌舞伎使用，一片遮住額頭髮際線的紫色縐綢（縮緬，*chirimen*）。據說由於江戶時代的歌舞伎女角無法完美處理假髮與髮際線的接點，因此用布遮蓋。

歌舞伎で用いられる、額の生え際に当てる紫縮緬（ちりめん）の小さな布のこと。江戸時代の歌舞伎の女方が、鬘と生え際をきれいに始末できないために隠したことから始まったとされる。

紫頭帶

紫鉢卷 · *murasaki-hachimaki*

以紫色縐綢製成的頭帶。綁在右側時，代表英勇帥氣的俠客。歌舞伎十八番《助六由緣江戶櫻》的主角助六，就綁著紫頭帶；歌舞伎十八番是市川團十郎家最拿手的家傳經典劇目。

紫縮緬の鉢巻のことで、右に結んでいる場合、力強い伊達男の印になる。歌舞伎十八番『助六由縁江戸桜』の主人公・助六が紫鉢巻をしている。歌舞伎十八番とは、市川團十郎家にゆかりの深い演目のこと。

病頭帶

病鉢卷 · *yamai-hachimaki*

將紫頭帶綁在左側時，代表此角色罹患疾病或相思病。

紫鉢巻を左に結んでいる場合、病鉢巻という。病気患いや恋患いを表している。

歌舞伎舞臺

歌舞伎注重傳統形式之美，且有許多誇張的演出，舞臺上也設有各種機關和特殊效果。

___1

旋轉舞臺

廻り舞台・*mawari-butai*

將嵌在舞臺上的圓形旋轉舞臺旋轉 180 度，以更換場景的機關。源自江戶時代中期的 1758 年，是全世界最早發明的旋轉舞臺。

舞台上に仕組まれた円形舞台を180度回転させることによって、場面転換をする仕掛け。江戸時代中期の1758年、世界に先がけて発明使用された。

___2

舞臺背景

書割・*kakiwari*

繪製樹木、岩石等圖樣，設置在舞臺上作為背景的大道具。

木や岩など、背景として描かれ、舞台に立てられた大道具。

様式美にあふれた派手な演出が多い歌舞伎。舞台には、さまざまな仕掛け
や演出がある。

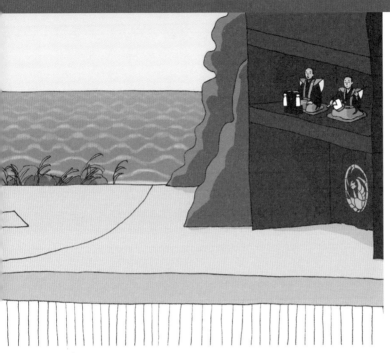

—— 3

遠景
遠見・*tomi*

特指描繪遠景的舞臺背景。

遠景の書割のことを、特に遠見という。

——

主幕
引幕・*hikimaku* ／定式幕・*joshikimaku*

戲劇開始與結束時升降的主幕。在歌舞伎或文樂演出使用的黑、橘、綠 3 色直條紋
主幕，又稱為「定式幕」。

芝居の始まりと終わりに引く幕のこと。特に歌舞伎や文楽で用いられる黒・柿色・緑の
3色縦縞の幕を定式幕という。

左舞臺

（上手）

左舞臺　上手・*kamite*
（かみ　て）

從觀眾席望向舞臺時的右半邊舞臺。相當於「上座」，一般是身分地位崇高者的座位。

客席から見て舞台の中央より右側のこと。上座（かみざ）にあたるため、通常、身分の高い人が座る。

—— 1
竹本

竹本 · *takemoto*

指講述義太夫（淨瑠璃）的太夫（262頁）與演奏三味線的樂師。源自淨瑠璃名家竹本義太夫之名，而歌舞伎中特意稱為「竹本」，是為了與文樂區隔。

義太夫（浄瑠璃）を語る太夫（262頁）と三味線を演奏する人のこと。浄瑠璃の名手、竹本義太夫の名前から竹本と呼んで、文楽と区別している。

—— 2
點床

ちょぼ床 · *choboyuka*

設置於左舞臺上方，供竹本坐的位置。演奏時大多會放下御簾，至於圖中這種可直接看見竹本的演出形式，稱為「出語」。

舞台の上手上部に設けられた、竹本が座る床のこと。御簾（みす）が下がった状態で演奏することが多いが、イラストのように竹本が姿を見せて演奏することを「出語り」という。

—— 3
揚幕 ［歌舞伎］

揚幕 · *agemaku* ［歌舞伎］

掛於演員出入口的布幕。亦設於花道（285頁）的出入口。

役者の出入り口に掛かっている幕。花道（285頁）の出入り口にもある。

右舞臺

（下手）

右舞臺

<ruby>下手<rt>しもて</rt></ruby>・*shimote*

從觀眾席望向舞臺時的左半邊舞臺。最左側為演員的出入口。

客席から見て舞台の中央より左側のこと。左端が役者の出入り口となる。

____1

黑御簾

黒御簾・*kuro-misu*

指右舞臺上掛著黑色御簾的一隅。「下座音樂」（294 頁）的樂師會在簾子的後方演奏。

舞台下手の黒い御簾（みす）が掛けられた一角のこと。この内側で下座（げざ）音楽（294頁）を演奏している。

____2

花道

花道・*hanamichi*

由舞臺一路延伸至觀眾席的長走道。對歌舞伎而言，花道是一個重要的演出空間，也是演員展現演技的地方。有些演出會在左舞臺設置另一條花道。

舞台から客席後方に向かってのびる長い廊下のこと。歌舞伎にとって重要な演劇空間で、役者の見せ場でもある。上手にも花道を設置して「両花道」にする演出もある。

____3

升降舞臺

迫り・*seri*

讓演員從被稱為「奈落」的舞臺下方，升起至舞臺上登場的升降裝置。

役者を舞台下から舞台上に出現させる仕掛け。奈落（ならく）と呼ばれる舞台の下から昇降機に乗って迫り上がってくる。

____4

花道升降舞臺

すっぽん・*suppon*

設置於「七三」，也就是花道靠近舞臺處的升降裝置。妖怪、鬼魂等非人類的角色皆由此出場。

花道の舞台寄り、七三（しちさん）と呼ばれる場所にある迫りのこと。妖怪や幽霊など人間離れした存在がここから登場する。

歌舞伎中有許多小道具，能讓我們一窺江戶時代的風俗習慣。以下將介紹其中一部分。

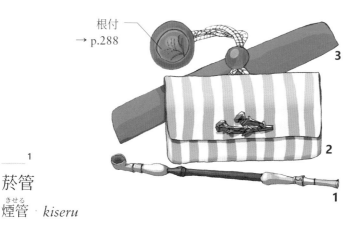

根付
→ p.288

3

2

1

1

菸管
煙管 *kiseru*

將菸絲填入末端的斗缽中吸菸的用具。在歌舞伎中，各角色拿菸管的方式也不同。

先端の火皿に刻み煙草を詰めて、吸う道具。歌舞伎では役柄によって煙管の持ち方が異なる。

2

菸袋
煙草入れ *tabako-ire*

收納菸絲與菸管的袋子。圖中為「吊掛式菸袋」，可掛在腰間隨身攜帶。

刻み煙草や煙管を入れておく袋。イラストは「提げ煙草入れ」といって、腰に提げて持ち歩くもの。

3

菸管盒
煙管筒 *kiseru-zutsu*

收納菸管的盒子。有各種攜帶方法，例如在菸管盒和菸袋掛上根付（288頁）以便吊掛，或直接把菸管盒插在腰帶裡等等。

煙管を入れておく筒のこと。煙管筒と煙草入れを根付（288頁）につける「両提げ」、煙管筒を帯に直接差し込む「筒差し」など、持ち運び方はさまざまである。

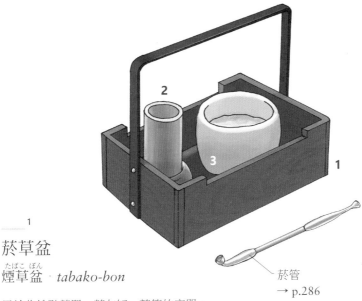

菸管
→ p.286

1

菸草盆

たばこ ぼん
煙草盆 · *tabako-bon*

用於收納點菸器、菸灰缸、菸管的容器。

火入や灰吹、煙管などを入れておく盆。

2

菸灰筒

はいふき
灰吹 · *haifuki*

收集菸灰或菸蒂的容器，多為竹製。

煙草の灰や吸殻を落とし込む筒のこと。多くは竹製。

3

點菸器

ひ いれ
火入 · *hi-ire*

放置點菸用的木炭與灰的容器。

火種の炭と灰を入れておく器。

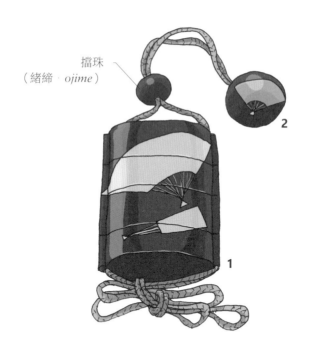

（緒締・*ojime*）

擋珠

2

1

1

印籠

印籠・*inro*

江戸時代武士掛在腰間的塗漆藥罐，或單純作為男性的配飾，屬於一種風尚，無實質用途。室町時代原為隨身攜帶的印鑑盒。

江戸時代の武士が腰に提げていた漆塗りの薬入れ。もしくは実用を伴わないアクセサリーで、男性のオシャレの1つ。室町時代では印鑑を持ち歩くためのものだった。

2

根付

根付・*netsuke*

附於印籠或菸袋（286頁）等繩子末端的裝飾品。可將根付夾在腰帶內，讓印籠或菸袋垂在腰間。根付有各種不同的設計，吸引世界各國人士收藏。

印籠（いんろう）や煙草入れ（286頁）などの紐の先端につける装飾品。根付を帯に挟んで、腰から印籠や煙草入れなどを提げる。多種多様なデザインがあり、世界的なコレクションアイテムの1つになっている。

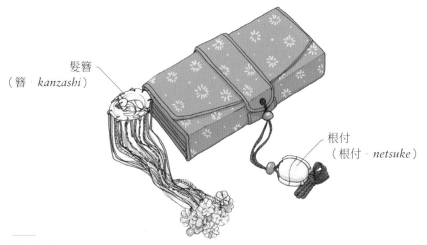

髪簪
（簪・kanzashi）

根付
（根付・netsuke）

隨身包
筥迫・hakoseko
はこせこ

女性用來收納懷紙（191頁）、鏡子、髮飾、梳子等物品，可放在懷裡的隨身收納包。

女性が懷紙（191頁）、鏡、髮飾り、櫛などを入れて懷中するための小物入れ。

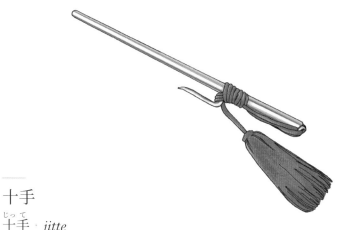

十手
十手・jitte
じって

日本古時捕快在追捕犯人時使用的武器，可攻擊對方，或抵擋對方的刀刃。握柄和鉤上纏有附流蘇的繩子，可由繩子的顏色判斷持有者的身分與所屬單位。

捕吏が罪人を捕らえるために用いた武器。相手を攻擊したり、相手の刀を防いだりする。柄と鉤（かぎ）に房付きの紐がついているが、その色によって身分や所屬がわかった。

油紙傘

番傘 ・ *bangasa*
ばんがさ

江戸時代的庶民使用的油紙傘。將油紙糊在堅固的竹傘骨上，再裝上較粗的竹傘柄製成。

江戸時代の庶民が使った和傘。丈夫な竹の骨に和紙を張って油を引き、やや太い竹の柄をつけていた。

蛇目傘

じゃ め がさ
蛇の目傘 · *janomegasa*

打開傘後，傘面呈同心圓圖樣的傘，因圖樣看似蛇眼而得名。到了近代，無論有沒有蛇眼圖樣，皆稱傘柄細的油紙傘為蛇目傘。

傘を開いたときに同心円が見える傘。その模様を蛇の目に見立てたところからのネーミング。近代には、蛇の目がなくても、柄の細い和傘をこう呼ぶようになった。

合掌鏡臺
合掌鏡台 · *gassho-kyodai*
（がっしょうきょうだい）

放置 2 面鏡子的鏡臺。可利用 2 面鏡子
確認自己後頸的頭髮等，常見於歌舞伎
的化妝場景。

合わせ鏡ができるように、2枚の鏡がのっ
た台。合わせ鏡を使って衿足などを見ら
れるようになっており、歌舞伎では化粧を
しているシーンなどで登場する。

方形火盆
角火鉢 · *kaku-hibachi*
（かくひばち）

常見於庶民家中的方形木框火盆。除此
之外，還有金屬製、附有放置茶杯的空
間或抽屜的「長火爐」（378 頁），可
跨在上頭取暖的「股火盆」等各種類型。

庶民の家によく見られる、四角い木枠の火
鉢。金属製のもの、湯呑を置くスペースや
引き出しのある「長火鉢」（378頁）、また
がって暖をとるための「股火鉢」などさま
ざまな種類がある。

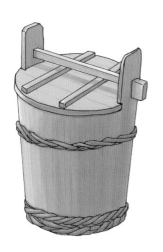

壽司桶
すし桶・*sushioke*

用於盛裝「熟壽司（熟れ寿司，*nare-zushi*）」的木桶。熟壽司是將鹽漬的魚肉和白飯層層交疊放入木桶中，使其發酵製成的壽司。歌舞伎中最著名的，就是在奈良縣吉野販售香魚熟壽司的「釣瓶壽司屋」。

「熟（な）れ寿司」を入れた木製の桶のこと。この桶に塩漬けの魚とご飯を交互に入れて発酵させてつくる。歌舞伎では、鮎の熟れ寿司を商う、奈良県・吉野のつるべ鮨屋が有名。

歌舞伎小道具

酒桶
酒樽・*saka-daru*

裝酒的木桶。江戶時代，商人會把酒裝進木桶裡，再用窄口酒壺（118頁）盛裝客人所需的分量零售。

酒の入った木製の樽のこと。江戸時代は仕込んだ酒を樽に入れて、客が必要な分だけ徳利（118頁）などに量り売りしていた。

傳統藝能

歌舞伎樂器

歌舞伎的主要樂器為三味線，有些劇目也會使用太鼓、鼓、笛（244-247頁）等樂器。作為背景音樂的「下座音樂」以及製造各種音效的「鳴物」皆於黑御簾（285頁）後方演奏。

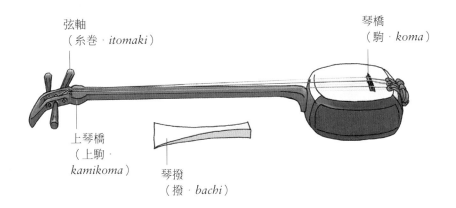

弦軸
（糸卷・*itomaki*）

琴橋
（駒・*koma*）

上琴橋
（上駒・*kamikoma*）

琴撥
（撥・*bachi*）

三味線

三味線・*shamisen*

一種弦樂器，琴身蒙上貓皮或狗皮製成，琴桿（棹，*sao*）上有 3 條琴弦，以琴撥撥弦演奏。據說 16 世紀後期，中國的樂器「三弦」從琉球（沖繩）傳入堺（大阪），在日本經過多次改良才演變成現在的型態。

弦楽器の一種。猫や犬の皮を張った胴に棹をつけて、3本の弦を張ったもの。撥（ばち）で弦をはじいて演奏する。16世紀後半に、中国の楽器「三弦（さんげん）」が琉球（沖縄）を経由して堺（大阪）に渡ったとされる。日本に伝来後、改良を重ねて今の形になった。

三味線をメインに、演目によって太鼓、鼓、笛（244-247頁）などが演奏される。黒御簾（285頁）の中では、BGMとなる「下座（げざ）音楽」と、さまざまな効果音をつくる「鳴物道具」が奏でられる。

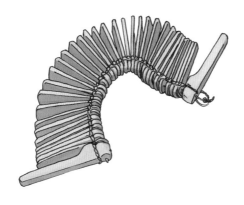

編木

びんざさら · *binzasara*

用繩子串起數十片木片，在兩側加上握柄，藉由雙手開闔以發出聲響的樂器。古時用於祈求稻田豐收的舞蹈「田樂」。

紐で連ねた数十枚の木片の両側に柄をつけて、両手で開閉して音を出す。田植えのときの舞踊から発達した田楽（でんがく）に用いられた道具。

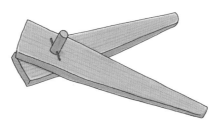

櫓音

艪の音 · *ro no oto*

發出模擬划船時搖櫓聲的樂器。

手漕ぎ船が水面を進むときの艪（ろ）の音を出す道具。

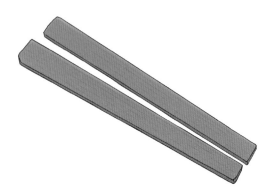

笏拍子
しゃくびょうし
笏拍子・*shaku-byoshi*

將笏（217頁）縱向剖半的樂器，交疊為 T 字形敲打，發出聲響。原為雅樂的樂器，在歌舞伎則常用於以王朝為背景的劇目中。

笏（217頁）を縦2つに割った楽器。T字型に打ち合わせて音を出す。本来は雅楽の楽器だが、歌舞伎では王朝をテーマとした演目などに用いる。

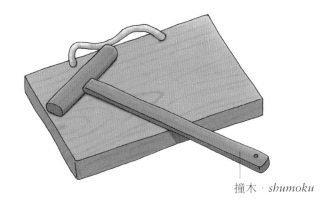

撞木・*shumoku*

盤木
ばんぎ
盤木・*bangi*

原為寺院裡為了報時或發號令而敲打的器具，發生火災或緊急事故時也會敲打。在歌舞伎中用於炒熱氣氛。

本来、寺院などで合図や時報として打つもの。火災や騒動などを知らせるときにも打つ。歌舞伎を盛り立てる場で使う。

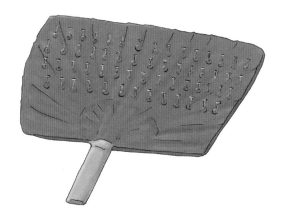

雨扇

雨団扇 · *ame-uchiwa*

用線將圓珠縫在扇面上的扇子，揮動可表現出雨聲。

ビーズが糸でつけられた団扇。雨団扇を振って、打ちつける雨の音を表現する。

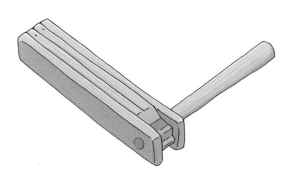

發條鐘

がり時計 · *garidokei*

一種響器，轉動時可發出類似古代時鐘的發條聲響。

昔の時計の音を出す道具。木車を回して、ゼンマイの音を表現する。

日本建築

外觀（外観・*gaikan*）

格子窗
（格子窓／出格子）
→ p.327

—— 犬矢來

犬矢来・*inuyarai*

設置於外牆的屋簷下，避免房子被行人或馬匹等損傷的圍欄，時至今日已成為一種京町家的特殊景觀。

軒下の壁際に置かれる囲いのこと。人や馬などが家を傷つけないようにするための建具だが、現在では景観にも一役買っている。

京町家 · *kyo-machiya*

町家（まちや／ちょうか）とは昔の町人や商人の家。間口が狭く、奥行き
がある京都市街の町家は「京町家」とも呼ばれ、現在も住居、カフェ、レ
ストラン、宿泊所として利用されている。

___
1

蟲籠窗

虫籠窓 · *mushiko-mado*

塗抹土和灰泥的二樓格子窗，具有透光、通風、防火等功能。名稱由來眾說紛紜，
一般認為是因為形狀類似昆蟲箱（虫籠，*mushikago ／ mushiko*）。

二階の窓格子を土と漆喰（しっくい）で塗り込めたもの。採光と風通し、防火の役割を果
たす。名前の由来は諸説あるが、虫籠（むしかご／むしこ）の形に似ているためとされる。

___
2

木板牆

羽目板張り · *hameita-bari*

木板平鋪組成的結構，在日語稱為「羽目（*hame*）」，而「羽目板（*hame-ita*）」
便是指木板牆。

板を平らに並べて張ったものを「羽目」、その板を「羽目板」という。

___
3

壁腰／木板壁腰

腰壁 · *koshi-kabe* ／腰板壁 · *koshi-ita-kabe*

「腰」為建築用語，指牆壁較低的部分。牆壁下半部（壁腰）以木板鋪成者，即為「木
板壁腰」。

「腰」は建築用語で壁の低い部分を指す。壁の低い部分（腰壁）を板張りにしたものを「腰
板壁」という。

穿廊

通り庭 · *tori-niwa* ／ ハシリ · *hashiri*

從正門通往後門的泥土地走廊。靠正門的地方為店舖，深處則作為廚房，被稱為「走り庭（*hashiri-niwa*）」或「ハシリ（*hashiri*）」。建築上方為附有天窗的挑高空間，具透光、通風、調節室溫等功能。「ハシリ」意為跑步，因主婦經常在走廊上忙碌地來回奔走而得名。

表の出入り口から裏口へ通り抜けできる土間。入り口付近は店舗、奥は台所の機能を持ち、「走り庭」「ハシリ」とも呼ばれる。建物上部には天窓付きの吹き抜けがあり、採光と換気、室温調節の役割を果たす。「ハシリ」の由来は、その家の主婦が走るように立ち働くことから。

1

舞良戶

舞良戶 · *mairado*

雙片式的木拉門稱為「遣戶」，其中門板外側飾有橫向細木條者稱為「舞良戶」；門板上的木條則稱為「舞良子」。

引き違いの板戸を「遣戸（やりど）」といい、そのうち、表側に「舞良子（まいらこ）」と呼ばれる桟を細かく取り付けたものを舞良戸という。

2

門簾

暖簾 · *noren*

商家掛在門口的布簾，或是室內用於隔間的布，有的會以繩子或竹子製作。商家的門簾上通常寫有店名，代表了店家的信用與傳統。而店裡的員工若得到店主允許，使用同樣的店號開設分店，則稱為「分暖簾（暖簾分け，*noren-wake*）」。

商店が店先に掲げる布、もしくは部屋の仕切りとなる布のこと。縄や竹でつくられることもある。商店の暖簾（のれん）には屋号などが描かれており、店の信用や格式を表す。そこに勤めた人が、同じ屋号を使って自らの店舗を構えるのが許されることを「暖簾分け」という。

洗手處（蹲踞）
→ p.338

石燈籠（石灯籠）
→ p.340

坪庭

坪庭（つぼにわ）· *tsubo-niwa*

設於屋內的小庭院，通常由小型植物、洗手處（338頁）與石燈籠（340頁）等元素構成。在形狀狹長、採光欠佳的町家裡，具有透光與通風的功能。

屋内に設けられた、小さな庭のこと。ささやかな植物と蹲踞（338頁）、石灯籠（340頁）などで構成される。奥行きがあって薄暗い町家に風光を取り込む機能もある。

___1

簷廊

えんがわ
縁側・*engawa*

設置於建築物周圍的木板廊道，可作為連接和室與室外的出入口。位在建築物外圍者，日語稱為「外緣（*gai-en*）」或「濡緣（*nure-en*）」；位於內側者則稱為「內緣（*nai-en*）」。

建物の縁（へり）に張り出して設けられた板敷きの部分。座敷と外を繋ぐ出入り口にもなる。縁が建物の外にある場合を「外縁」「濡れ縁」、内側にある場合を「内縁」という。

___2

簾子

すだれ
簾・*sudare*

用線將細竹條或蘆葦串聯編成的簾子，日語稱為「簾（*su*）」；而吊掛在屋簷下的簾子則稱為「簾（*sudare*）」，兩者發音不同。此外，附有邊框的簾子稱為「御簾」，作為和室的隔間使用。

細い割り竹や葦（あし）を何本も並べて糸で編み繋いだものが「簾（す）」で、軒（のき）に吊り下げられたものを「簾（すだれ）」という。「御簾（みす）」は、座敷で間仕切りとして使用される縁付きのもの。

___3

踏石

くつぬぎいし
沓脱石・*kutsunugi-ishi*／踏石・*fumi-ishi*

ふみいし

設置於玄關或簷廊等出入口的石頭。進屋時，必須在此脫鞋。

玄関や縁側など、出入り口に置かれた石。部屋の内に入る際、この上で履き物を脱ぐ。

瓦片是以黏土燒製而成的屋頂專用建材，過去僅用於神社或寺院建築，一般住宅則以木板或茅草作為屋頂。直到江戶時代末期到明治時代，一般住宅才開始改用瓦片。

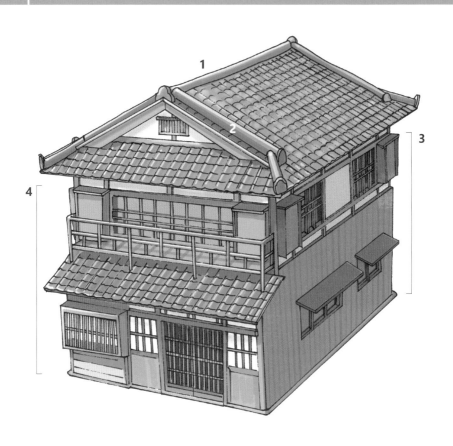

1

正脊
大棟 · *omune*

屋頂最高處的水平部分。

屋根の一番高い水平の部分を「大棟」という。

2

垂脊
降棟 · *kudarimune*

正脊往屋簷下降的部分，常見於歇山式屋頂（308 頁）。

大棟から屋根の流れに沿って降る部分。入母屋造り（308 頁）などに見られる。

瓦は粘土を成型して焼いた屋根専用部材。神社や寺院に用いられていた瓦は、江戸時代の終わり頃から明治にかけて、板や茅葺きだった一般住宅にも使われ始めたとされる。

鬼瓦
鬼瓦 ・ *oni-gawara*

瓦屋

裝飾於屋頂正脊或垂脊尾端的瓦片，圖樣多為鬼怪的臉，但也有蓮花等其他設計。具有辟邪的意義。

屋根の大棟や降棟の端を飾る瓦のこと。鬼の顔を表しているが、蓮華文など他の意匠の場合もある。家に邪悪なものが入ってこないための魔除けを意味する。

3
檐牆
平側 ・ *hira-gawa*

與屋頂正脊平行的牆面。

屋根の大棟に並行する面のこと。

4
山牆
妻 ・ *tsuma*
妻側 ・ *tsuma-gawa*

與檐牆呈 90 度的牆面，和正脊兩側的屋簷構成一個三角形。

屋根の平側と 90 度をなす面。大棟の両側の屋根端が三角形をつくる。

日本建築

日本傳統建築中有以瓦片、茅草等各種材料製作的屋頂，屋頂的形狀也各異其趣。以下介紹其中一部分。

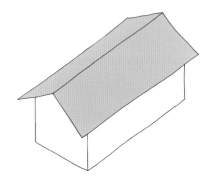

懸山式屋頂
切妻造り · *kirizuma-zukuri*

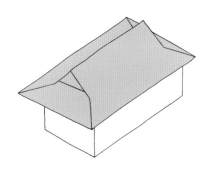

歇山式屋頂
入母屋造り · *irimoya-zukuri*

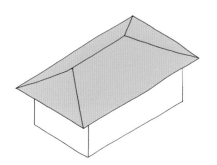

廡殿式屋頂
寄棟造り · *yosemune-zukuri*

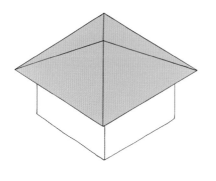

攢尖式屋頂
宝形造り（方形造り）・
hogyo-zukuri

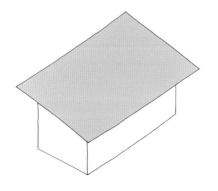

單坡式屋頂
片流れ・*katanagare*

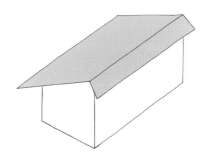

不對稱雙坡式屋頂
招き造り・*maneki-zukuri*

以農村收割的茅草或稻草蓋成屋頂的民宅。有曲家（*magariya*）、合掌屋（*gassho-zukuri*）等，樣式隨各地風土而異，但現在作為住宅使用的茅葺屋已相當少見。

外觀（外観・*gaikan*）

1

茅草屋頂　茅葺き屋根・*kayabuki-yane*

可作為屋頂的稻草、麥稈、蘆葦、芒草等禾本科植物，在日語中統稱為「茅（*kaya*）」。以稻草（藁）製作的屋頂，亦稱為「藁葺」。茅草在長期風吹雨淋下會耗損，需要修補，但現在已難以取得大量的茅草，因此在保存上面臨困難。

稲藁（いなわら）、麦藁、葦（あし）、薄（すすき）など、屋根を葺くイネ科の植物を総称して「茅」と呼ぶ。藁の場合は「藁葺き」ということもある。雨風にさらされて傷むと葺き替える必要があるが、現在は大量の茅がとれないため保存が難しい。

2

破風　破風・*hafu*

山牆（307 頁）的三角形部分，或指裝設在該部分的木板。有「唐破風」、「千鳥破風」等不同種類。

妻側（307頁）の三角形の部分、もしくはそこに取り付けられた板を「破風（はふ）」という。「唐破風」や「千鳥破風」などの種類がある。

茅葺き民家・*kayabuki-minka*

農村で収穫される茅や藁（わら）で屋根を葺いた民家。地方の風土によって、曲家（まがりや）、合掌造りなど形はさまざまだが、一部を除き、現在住居として使われている茅葺き民家は少ない。

3

賓客用玄關　式台玄関・*shikidai-genkan*

鋪設木板的玄關，用來迎接重要的賓客。

客人や身分の高い人を迎え入れるために、板敷きにした玄関。

4

出入口　大戸口・*otoguchi*

家人平常出入使用的門。

家人が日常的に出入りするところ。

5

雨戶櫃　戸袋・*tobukuro*

「雨戶」是建築最外側的門板，而雨戶櫃就是收納雨戶的構造。通常設置於檐廊或窗框旁。

建物の一番外側に建てる戸「雨戸」を収納しておくための箱状の設備。縁側や窓の敷居の端に取り付ける。

土間／三和土

土間 · *doma* ／三和土 · *tataki*

屋內沒有鋪設地板的泥土地，或是以土或灰泥鋪設的空間。將土與石灰或石膏混合後鋪設的土間，稱為「三和土」，常見於農家，可作為玄關、廚房、工作間或聚會的地方等，用途廣泛。

屋内で床を張らずに地面のまま、もしくは土や漆喰で仕上げた空間。土間のうち、土に石灰やにがりなどを混ぜて叩き固めたものを「三和土（たたき）」といい、農家によく見られ、玄関、台所、生産作業の場、集会所など多様な役割を果たす。

1

灶

竃 · *kudo*（*kamado*）／へっつい · *hettsui*

設置於土間的爐灶，將鍋子置於上方烹煮食物。下方有生火口，透過調整柴薪或木炭的量來控制火力。

鍋釜を火にかけて煮炊きするためのコンロで、土間に築かれる。下に焚き口が設けられ、投入する薪（まき／たきぎ）や炭の量で火加減する。

2

釜鍋

釜 · *kama*

用於煮飯、燒開水的鐵鍋。鍋身外圍有一圈稱為「羽」的突出部分，可掛在灶上，從鍋底加熱。

米を炊いたり、湯を沸かしたりする鉄製の道具。周囲に羽がついており、竃（くど／かまど）に引っ掛けて、釜の底部分を加熱する。

客廳

居間 · *ima*

1

地爐

囲炉裏 · *irori*

將地板下挖出一塊方形，放入灰和木炭生火的空間。可作為暖爐，亦可在此烹煮食物。具有飯廳的功能，人們可圍在爐邊用餐、喝茶。

床を四角にくり抜いて、灰や炭を入れ、火を熾（おこ）すようにした場所。暖房や煮炊きに使用する。ダイニングルームと同じ役割で、囲炉裏を囲みながら食事やお茶を楽しんだ。

2

自在鉤

自在鉤 · *jizai-kagi*

設於地爐或爐火上方的掛勾，用於吊掛鍋子或鐵壺。因可自由調整高度而得名。有些自在鉤上方附有格狀棚架，用來烘乾衣物或食物。

囲炉裏や炉の火の上に、鍋や鉄瓶を吊るすための装置。高さを自由自在に調整できるところからのネーミング。自在鉤の上部に格子組みの棚がつけられていることがあり、そこに衣類や食べ物を吊るして乾燥させる。

3

小猿鉤

小猿鉤 · *kozaru-kagi*

用來調整自在鉤高度的木條。

自在鉤の高さを調節するための横木のこと。

長屋
_{なが}_や
長屋 · *nagaya*

始於江戶時代的住宅類型。江戶時代的長屋，是將一棟房子分割成多戶的租賃住宅。廚房設於土間（313頁），沒有浴室，住戶必須共用水井、廁所與垃圾場。現在則是指多棟門戶獨立的房子相連而成的集合住宅，有平房或2層樓建築等各種形式。

江戶時代からつづく形式。江戶時代の長屋は一棟の家を、数戸に分割した賃貸住居。台所は土間（313頁）で、風呂はない。住人は井戸、トイレ、ごみ捨て場を共同で使用した。現在では、複数の戸建てを横長に並べた集合住宅をいい、1階建て、2階建てなどさまざまな形式がある。

近代住宅 · *kindai-jutaku*

明治時代から昭和時代にかけての近代住宅にはさまざまな形式があるが、
ここでは日本独特の2例を紹介する。

文化住宅
ぶん か じゅうたく
文化住宅 · *bunka-jutaku*

流行於大正時代至昭和時代，結合日本與西洋風格的住宅。客廳和玄關皆採西式。
而在關西地區，也有些人會稱木造的2層樓集合住宅為「文化住宅」。

大正時代から昭和時代にかけて流行した和洋折衷の住宅を指す。応接室や玄関に洋風が
取り入れられた。一方で、関西では木造2階建ての集合住宅を「文化住宅」と呼ぶことも
ある。

和室

室町時代以前的住家，基本上皆為木地板，但隨著「書院造（*shoin-zukuri*）」（345頁）的流行，鋪設榻榻米的和室也逐漸普及。此外，現代和室最大的特徵——壁龕（322頁）也漸漸定型。

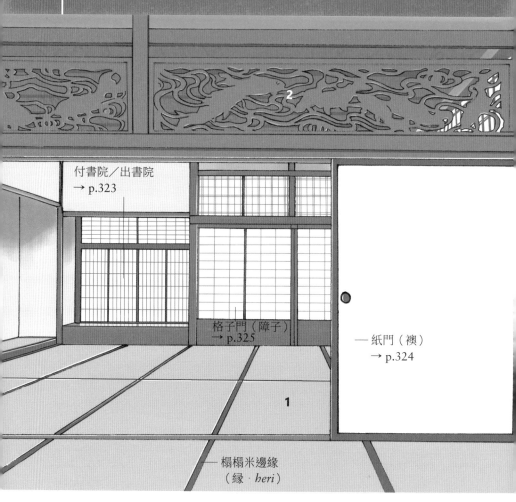

付書院／出書院
→ p.323

2

格子門（障子）
→ p.325

紙門（襖）
→ p.324

1

榻榻米邊緣
（緣・*heri*）

座敷 · *zashiki*

室町時代以前の住居は板の間が基本だったが、書院造りの流行とともに畳を敷き詰めた座敷が一般的になっていった。また、現在の和室を特徴付ける「床の間」（322頁）も発達した。

1

榻榻米

畳 · *tatami*

用稻草堆疊成基底，包覆以藺草編織的表層，再縫上布邊的厚草蓆。使用一段時間後可更換新的表層。榻榻米在各地的尺寸不一，分為「京間」、「江戶間」等（參照370頁）。和室的大小一般以榻榻米的數量來表示，如「六疊」、「八疊」等。

稲藁（いなわら）などを重ねた畳床（たたみどこ）を、藺草（いぐさ）を織り込んだ畳表（たたみおもて）で覆い、長辺に布の縁（へり）を縫いつけたもの。古くなったら、新しい畳表を張り替える。地方によって畳の大きさが異なり、「京間」「江戸間」などがある（370頁参照）。六畳、八畳のように、座敷の広さは畳の枚数で表わす。

2

欄間

欄間 · *ramma*

天花板與門楣（321頁）之間的開口部分。嵌入格狀或雕花的木板作為裝飾，具有透光、通風的功能。

天井と鴨居（321頁）の間にある開口部分。格子や彫刻を施した板をはめて装飾する。採光・風通しの役割も担う。

鞘間

鞘の間・*saya-no-ma*

設於和室外的狹長房間,鋪有榻榻米。原指主建築與鞘堂(建造於主建築外側,以保護主建築的建築物)之間的狹長空間。

座敷の外側に設けられた細長い部屋で、畳敷きになっている。本来は、本堂と鞘堂(本体を覆うように建てた建築物)との間にある細長い空間を指す。

1

門楣

鴨居・*kamoi*

門框上方具有溝槽的木條,用於裝設紙門(324頁)、格子門(325頁)等拉門。

襖(324頁)や障子(325頁)のような建具をはめるために溝をつけられた、上部の横木。

2

門檻

敷居・*shiki-i*

與門楣相對,位於門框下方,用於裝設拉門、具有溝槽的木條。

鴨居に対して、建具をはめるために溝をつけられた下部の横木。

3

橫板

長押・*nageshi*

梁柱上以水平方向裝設的橫木板,位置在門楣之上。原具補強結構的功能,現多為裝飾用。

柱の上部に水平方向に打ち付けた横木のこと。鴨居の上にある。かつては構造補強の意味を持っていたが、現在では装飾の意味が大きい。

壁龕門楣
（落し掛け・otoshigake）

5

1

4

3

2

壁龕柱（床柱・toko-bashira）

壁龕擋板
（床框・toko-gamachi）

___1

壁龕
床の間・toko-no-ma／床・toko

位於和室的上座，可擺設掛軸（387頁）、花的空間。在較大的和室裡，可能還有側壁龕、交錯式層板與付書院。

座敷の上座にあって、掛物（387頁）や花などを飾る空間のこと。広い座敷では、脇床とて違い棚や付書院（つけしょいん）が付随する場合もある。

2

側壁龕
<ruby>脇<rt>わき</rt></ruby><ruby>床<rt>どこ</rt></ruby>· *waki-doko* ／<ruby>床<rt>とこ</rt></ruby><ruby>脇<rt>わき</rt></ruby>· *toko-waki*

側壁龕位於擺設掛軸等裝飾品的主壁龕旁，多設有交錯式層板。並非每間和室都具有側壁龕。

掛物などを飾るメインの床の隣に設けられる床。違い棚をつけることが多い。必ずしも付設されるものではない。

3

交錯式層板
<ruby>違<rt>ちが</rt></ruby>い<ruby>棚<rt>だな</rt></ruby>· *chigai-dana*

固定於牆上，互相交錯的 2 片層板，用於擺設裝飾品。

ものを飾るために、2枚の棚板を段違いにしてつけたもの。

4

高壁櫥
<ruby>天<rt>てん</rt></ruby><ruby>袋<rt>ぶくろ</rt></ruby>· *ten-bukuro* ／<ruby>袋<rt>ふくろ</rt></ruby><ruby>戸<rt>と</rt></ruby><ruby>棚<rt>だな</rt></ruby>· *fukuro-todana*

位於交錯式層板的上方，鄰接天花板的壁櫥。常見於側壁龕。相對於此，位在交錯式層板的下方，鄰接地板的壁櫥，則稱為「低壁櫥（地袋，*ji-bukuro*）」。

違い棚の上部、天井に接した戸棚のこと。脇床によく見られる。一方、違い棚の下部にある、地面に接した戸棚のことを「地袋」という。

5

付書院／出書院
<ruby>付<rt>つけ</rt></ruby><ruby>書<rt>しょ</rt></ruby><ruby>院<rt>いん</rt></ruby>· *tsuke-shoin* ／<ruby>出<rt>で</rt></ruby><ruby>書<rt>しょ</rt></ruby><ruby>院<rt>いん</rt></ruby>· *de-shoin*

在室町時代的「書院造」建築樣式中，將窗戶部分外推藉以透光，設置層板作為書桌的空間。未設置層板者，則稱為「平書院」。

室町時代の書院造りで、読み書きをするための机となる棚板と明り取りの障子を出窓風に設けた部分。棚板をつけない場合は「平書院」という。

門扇在日本建築中扮演極為重要的角色。紙門、格子門等門扇皆可拆卸，方便自由變換空間配置。

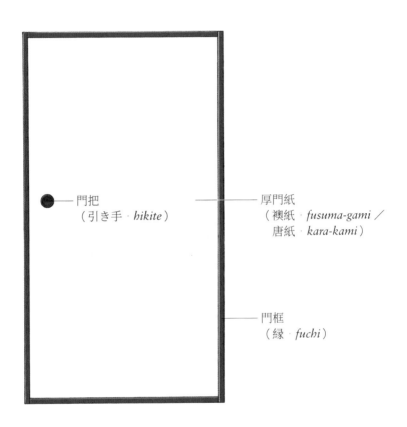

門把
（引き手・*hikite*）

厚門紙
（襖紙・*fusuma-gami*／
唐紙・*kara-kami*）

門框
（緣・*fuchi*）

紙門

襖・*fusuma*
_{ふすま}

在木框的兩面糊上和紙為底，再貼上厚門紙製成的拉門。而以木版印刷方式印上圖樣的和紙，稱為「唐紙」，與「襖紙」同義。

格子に組んだ木枠の両面に和紙を下貼りし、厚手の襖紙を上貼りした引き戸。紙のなかでも版木と絵具で模様を摺り出した和紙を「唐紙」といい、襖紙の代名詞にもなっている。

建具 · *tategu*

建具は日本建築の重要な構成要素。襖や障子といった建具は取り外しが可能で、空間を自在に仕切ることができる。

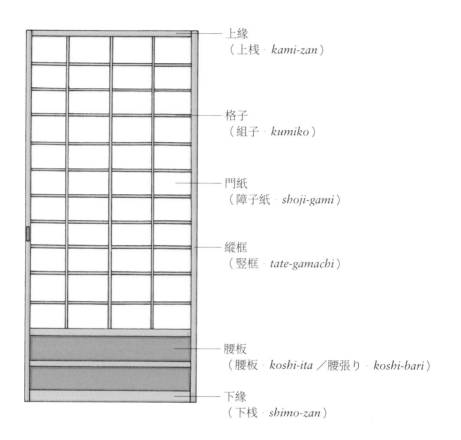

上縁
（上桟 · *kami-zan*）

格子
（組子 · *kumiko*）

門紙
（障子紙 · *shoji-gami*）

縦框
（竪框 · *tate-gamachi*）

腰板
（腰板 · *koshi-ita* ／腰張り · *koshi-bari*）

下縁
（下桟 · *shimo-zan*）

格子門

障子 · *shoji*
しょうじ

組成格子狀的木框拉門，單面糊有可透光的薄和紙。廣義的「格子門」也包含「紙門」（324頁）及「單片式屏風」（383頁）在內，因此「紙門」亦可稱為「紙格子門」。

格子に組んだ木枠の片面に、透光性のある薄い和紙を張った引き戸。広義には襖（324頁）や衝立（383頁）も障子に含まれる。そのため襖は「襖障子」とも呼ばれる。

日本建築中有各式各樣的窗，分別具備不同的功能。在此介紹其中一部分。

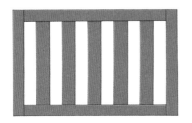

武者窗
武者窓・*musha-mado*

武士宅邸內，設於面向主要道路的建築物外牆上的窗戶。家中的守衛可以透過窗子的空隙觀察外面的狀況。

武家屋敷の敷地内にある、表通りに面した建物の外壁に設けられた窓。屋敷を警護する者が、太い格子の間から外の様子を窺う。

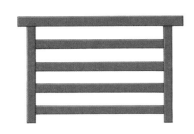

與力窗
与力窓・*yoriki-mado*

由橫向木條組成的窗戶。與武者窗相同，多設置於武士宅邸的外牆。在江戶時代，因常用於「與力」（輔佐町奉行，負責司法、警察任務的官職）官邸而得名。

横の格子が入った窓。武者窓と同様に、武家屋敷の外壁などに設けられた。名前の由来は、江戸時代の与力（町奉行を補佐し、司法や警察の任にあたる役職）の役宅によく用いられたことからとされる。

下地窗
下地窓・*shitaji-mado*
塗り残し窓・*nurinokoshi-mado*

窗框邊緣刻意保留牆壁原貌，露出骨架的窗戶。常見於茶室。

壁を塗り残して、下地組みを露出させた窓。茶室によく取り入れられる。

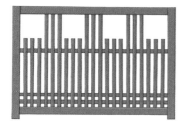

格子窓

格子窓 · *koshi-mado*
出格子 · *degoshi*

設計成從屋內可以清楚看見外面，但從外面看不見屋內的窗戶。窗戶的骨架稱為「豎子」，有各種不同的粗細與組合方式。

格子窓の内側からは外がよく見え、外からは中を見えにくくする構造になっている。「豎子（たてこ）」と呼ばれる桟の太さや組み方には、さまざまなバリエーションがある。

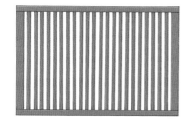

連子窓

連子窓 · *renji-mado*

使用斷面為方形或菱形的木材（連子），以等間隔橫向或縱向排列組成的窗戶。

断面が方形もしくは菱形に見える材（連子）を、縦もしくは横に同間隔で連ねた窓。

火燈窓

火灯窓（花頭窓）· *kato-mado*

這種窗戶的形式在古時僅用於從中國傳來的禪宗寺院，後來日本建築也開始採用。

古くは中国から伝わった禅宗寺院の建築に用いられたが、日本の建築物にも取り入れられた。

天花板

日本建築的天花板有各種組合方式，在此介紹其中一部分。

格子天花板

格天井 · *gou-tenjo*

將稱為「格緣」的木條排列成格子狀，再鋪設木板的天花板。

格子状に仕切る木材「格縁（ごうぶち）」を組んで、板を張ったもの。

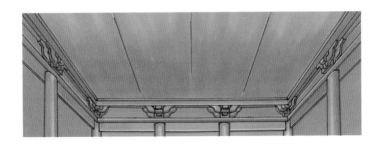

平面天花板

鏡天井 · *kagami-tenjo*

不使用木條，直接鋪設木板的平面天花板。

格縁を使わずに、鏡のように板を平面に張ったもの。

天井 · *tenjo*

日本建築の天井にはさまざまな組み方がある。ここではその一部を紹介する。

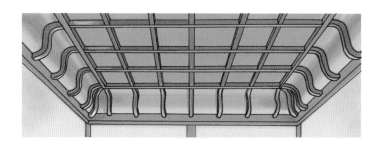

內凹式天花板
おりあげてんじょう
折上天井 · *oriage-tenjo*

使用彎曲的木材，從邊框往上撐起的天花板。

天井面を、湾曲した材を使って回り縁（天井の縁）から上へ持ちあげたもの。

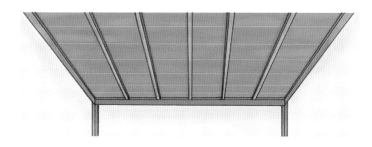

棹緣天花板
さおぶちてんじょう
棹縁天井 · *saobuchi-tenjo*

將稱為「棹緣」的細木條或竹子建材，等間隔排列於邊框上，最後於上方鋪設木板的天花板。是日本傳統建築中最普遍的天花板類型。

回り縁に細い木材や竹などの「棹縁（さおぶち）」を等間隔に渡し、上に天井板をのせたもの。日本の伝統的な建築物で最も一般的な天井。

公共澡堂

銭湯（せんとう）・ *sento*

付費使用的大眾澡堂。所謂的「銭（*sen*）」，是江戶時代幣值最小的貨幣名稱。江戶時代以前為蒸氣浴，而現在許多公共澡堂皆附休憩空間與餐廳，亦稱「超級錢湯（スーパー銭湯，super *sento*）」或「健康樂園（健康ランド，*kenko* land）」。

入浴料を払って入る日常の公衆浴場。「銭（せん）」は江戸時代の最低価値の貨幣の名前。江戸時代以前は蒸し風呂だった。現在は休憩所、食事処などを伴うさまざまな浴場があり、「スーパー銭湯」「健康ランド」とも呼ばれる。

油漆壁畫

ペンキ絵（え）・ *penkie*

油漆所繪製的壁畫，常見於公共澡堂的浴池。最經典的畫為富士山。據說這樣的壁畫始於大正時代一間位於東京的公共澡堂「キカイ湯（*Kikai-yu*）」，因為廣受好評而逐漸普及。

銭湯の浴場内でよく見られる、壁にペンキで描かれた絵のこと。定番の絵柄は富士山。大正時代に東京のキカイ湯という銭湯に描かれたのが始まりで、それが評判となってほかの銭湯へも広がったとされる。

風呂・*furo*

火山列島で温泉が湧きやすく、入浴の習慣が根付いている日本人は独自の風呂文化を築いてきた。ここでは家庭以外での代表的な風呂の形式を紹介する。

水盆
風呂桶・*furo-oke*

將浴缸裡的熱水舀出，沖洗身體用的水盆。日語中所謂的「桶（*oke*）」，是將木片沿著底板排列成筒狀，再用竹箆箍緊的容器，現在塑膠製的也十分常見。浴缸本身也可稱為「風呂桶」。

浴槽の湯を掬って身体にかけるための桶。底板の回りに、木の板を筒状に並べ、たがで締めた容器を「桶」というが、プラスチック製のものも多い。浴槽自体を風呂桶とも呼ぶ。

單柄盆
片手桶・*katate-oke*

單側附有手把的水盆，方便單手舀水。

片側にだけ取っ手のついた桶のこと。片手で湯を掬うことができる。

檜木浴缸
檜風呂・*hinoki-buro*

檜木製成的浴缸。檜木具有香氣，其獨特的精油成分具有殺菌、防蟲效果，非常適合製作浴缸或作為建材。在日本，檜木是最高級的建材。

檜材を組んでつくられた浴槽のこと。檜は豊かな香りを持ち、特有の精油成分によって殺菌・防虫能力が高く、浴槽や建材に適している。日本では最高級の建材とされる。

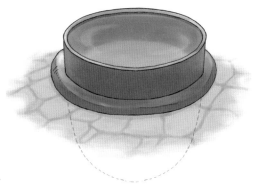

五右衛門浴缸
五右衛門風呂・*goemon-buro*

將大鐵鍋放在灶（313頁）上，上面再擺上一個圓筒形的木桶組成的浴缸。如圖所示，直接以鐵鍋作為浴缸者，日語又稱為「長州風呂（*choshu-buro*）」。「五右衛門」這個名稱的由來，是因為傳說安土桃山時代的大盜石川五右衛門正是被處以烹刑。鐵製的鍋底很燙，因此泡澡時會墊上底板。

火を焚く竈（かまど／313頁）の上に鉄釜を据えて、円筒形の木桶をのせたもの。もしくは、絵のように釜をそのまま浴槽にしたもので、これを「長州風呂」とも呼ぶ。五右衛門風呂の名前の由来は、安土桃山時代の大盗賊・石川五右衛門が釜茹での刑に処されたことから。鉄底が熱いので、底板を使って入る。

露天浴池

露天風呂・roten-buro／野天風呂・noten-buro

設於戶外的開放式浴池，其中以岩石構成的浴池最為常見。據說起源是為了泡自然湧出的溫泉，而在戶外設置浴缸。現在大部分的溫泉設施都設有露天浴池。

屋外にある開放的な風呂のこと。石で組まれた岩風呂がイメージされやすい。自然に湧き出た野湯（のゆ）に浴槽を整備したことから始まったとされる。いまではたいていの温泉施設に露天風呂が備えられている。

茶室是用於以抹茶招待賓客的獨特建築，洋溢著寂靜蕭瑟的氛圍。基本大小為四張半榻榻米，小於此基準者稱為「小間」，大於此基準者稱為「廣間」。

外觀（外観 · *gaikan*）

下地窗
（下地窓）
→ p.326

連子窗（連子窓）
→ p.327

茶室 · *chashitsu*

茶室とは、客を招いて抹茶でもてなすための建築。基本の広さは四畳半で、それ以下だと「小間」、それ以上だと「広間」と呼ばれる。侘びた雰囲気を持つ独特の建物である。

1

躙口

にじりぐち
躙口 · *nijiri-guchi*

長約70cm，寬約65cm的客用出入口。進出時必須低頭，展現出謙虛的態度。古時躙口旁設有稱為「刀掛」的架子，武士會將刀置於此處再進入茶室。有些茶室設有專供身分地位崇高者使用的「貴人口」。

およそ縦70cm、横65cmの客用の出入り口。出入りするためには頭を低くする必要があり、謙虚な気持ちを体現することになる。昔は躙口付近に「刀掛け」という棚があり、武士はここに刀を預けてから入室した。ただし、高貴な人専用の「貴人口」を設けている茶室もある。

2

土間簷

ど ま びさし
土間庇 · *doma-bisashi*

延伸至土間（313頁）之上的屋簷（庇，*hisashi*），下有柱子支撐。

土間（313頁）に柱を立てて、庇（ひさし）を張り出させた部分。

3

匾額

へんがく
扁額 · *hengaku*

橫額。茶室通常以「〇〇庵」、「〇〇軒」等茶室名稱為題字。

横長の額のこと。茶室では「〇〇庵」「〇〇軒」といった茶室の名前などを記して掲げておく。

——棹緣天花板
（棹縁天井）
→ p.329

內部（内観，*naikan*）

——1

主人座

点前座・*temae-za*

點茶者的座位。日語所謂的「点前（*temae*）」，意為製作抹茶、招待賓客飲用的一連串步驟。

お茶を点（た）てる人が座る場所。点前（てまえ）とは、抹茶を点てて客に飲んでもらうための一連の手順のこと。

2

地爐榻榻米

ろ だたみ
炉畳・*ro-datami*

設有地爐（炉，*ro*）的榻榻米。地爐用來放置炭火、以鐵釜燒熱水，位在榻榻米下，不使用時會蓋上一塊小榻榻米。

「炉」が備えられている畳。炉とは、炭火を入れて釜の水を沸かすところ。畳の下にあるため、使用しない時期は、炉の上に小さな畳を入れておく。

3

出餐口／火燈口

きゅう じ ぐち　　　　　　　か とうぐち
給仕口・*kyuji-guchi* ／火灯口・*kato-guchi*

提供茶會料理「懷石」時使用的出入口。而圖中這種上方繪有火焰般弧線的樣式，稱為「火燈口」。

茶会の料理「懐石」を給仕するときの出入り口。絵のように、上部が炎のようにカーブを描いているものは「火灯口」という。

4

腰張

こしばり
腰張・*koshi-bari*

小間的茶室中糊在牆壁下緣的壁紙，用以防止和服下襬接觸到土牆，使得塵土落下。日本國寶級茶室「如庵」因為牆上貼有昔日的曆紙，故有「曆張茶室（暦張の茶室，*koyomi-bari no chashitsu*）」的別名。

小間の壁の下方に紙を張ったもの。着物の裾が触れて土壁が落ちるのを防ぐ。国宝の茶室「如庵（じょあん）」は昔の暦を張っているため「暦張の茶室」と呼ばれる。

5

斜天花板

かけこみてんじょう　　　　　　け しょう や　ね うら
掛込天井・*kakekomi-tenjo* ／化粧屋根裏・*kesho-yane-ura*

將傾斜的屋頂直接做成天花板的形式，能夠讓茶室狹小的空間看起來較為寬敞。

傾斜した屋根裏を天井の姿に整えた形式。狭い茶室空間を広く見せる効果がある。

石燈籠
（石灯籠）
→ p.340

柄杓
→ p.359

3

2

1

1

洗手處

つくばい
蹲踞・*tsukubai*

在進入被視為潔淨空間的茶室之前，供人洗手、漱口的地方。以注滿水的水盆（手水鉢，*chozubachi*）為中心，再加上 3 個大石頭組成。

清浄な空間である茶室に入る前に、手と口を浄める場所。水をためた手水鉢〔水鉢〕を中心にして、そのほかに 3 つの大きな石で構成される。

露地 · *roji*

客を茶室の入り口へと導く庭を「露地」という。木々と石で構成され、日本庭園（344頁）とはまた異なる閑静な趣を持つ。

2
踏腳石
<ruby>飛石<rt>とびいし</rt></ruby> · *tobi-ishi*

鋪設於地面，引導賓客進入茶室的石頭。配合步伐的幅度，以適當的間隔配置。

客を茶室へ導くための道しるべとなる石。客が歩きやすいように、計算された間隔で配置されている。

3
枝折戸
<ruby>枝折戸<rt>しおりど</rt></ruby> · *shiorido*

將竹條編成菱格，並以竹條或木條作為門框的小門。名稱擁有「彷彿折斷樹枝製作般簡樸」的涵義。大多設置於露地的中央。

竹や木の框（かまち）に、竹を菱形に組み込んだ戸。木の枝を折ってつくったような簡素な戸を意味する名前。露地の中ほどに設置されることが多い。

關守石／留石
<ruby>関守石<rt>せきもりいし</rt></ruby> · *sekimori-ishi*
<ruby>留め石<rt>といし</rt></ruby> · *tome-ishi*

放置於踏腳石的分歧點上，表示禁止通行的石頭。石頭上捆有十字狀的繩子。

飛石の岐路に置いて、通行止めを意味する石。縄で十文字に結んである。

石燈籠

石燈籠原為神社或寺院內使用的照明，後來開始用於露地（338頁）或一般的庭園中。在此介紹幾種不同設計的石燈籠。

春日燈籠
春日灯籠 · *kasuga-doro*

與納獻於奈良縣春日大社的石燈籠形狀相同者，皆稱為「春日燈籠」。六角柱狀的「火袋」（點燈處）上方有稱為「笠」的屋頂與裝飾在頂端的「寶珠」，下方有稱為「竿」的燈柱。火袋的其中2面刻有雌雄鹿，另外2面則刻有日月。

奈良県・春日大社に献納された石灯籠と同形のものを「春日灯籠」と総称する。六角柱の火袋（火を灯すところ）に笠と宝珠がのり、竿と呼ばれる脚がつく。火袋の2面に雌雄の鹿、他の2面に日月が彫られている。

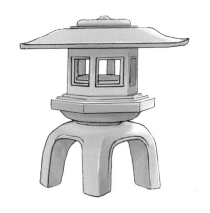

雪見燈籠
雪見灯籠 · *yukimi-doro*

高度較低，笠頂較大的庭園用石燈籠，經常設置於池畔。有四腳、三腳或兩腳等不同設計。

丈が低く、笠が大きい庭園用の石灯籠。池のほとりなどによく置かれている。脚の数は、四本、三本、二本とバリエーションがある。

本来、石灯籠は神社や寺院の境内で使われていた照明。のちに、露地（338頁）や一般の庭園にも据えられるようになった。さまざまな意匠があり、ここではその一部を紹介する。

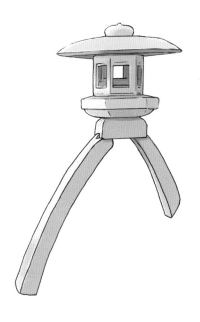

琴柱燈籠

<ruby>琴柱灯籠<rt>こと じ どうろう</rt></ruby>（徽軫灯籠）·
kotoji-doro

由雪見燈籠演變而來的兩腳燈籠，因形狀類似琴柱而得名。以金澤兼六園的「徽軫燈籠」最為出名，據說原本兩隻腳一樣長，但後來其中一隻折斷，才變成現在的形狀。

雪見灯籠が変化した2本脚の灯籠。琴の糸を支える「柱（じ）」に似ていることから名が付いた。金沢・兼六園にある「徽軫（ことじ）灯籠」が有名で、本来、2本脚は同じ長さだったが、片足が折れたためいまの形になったとされる。

塔燈籠

<ruby>塔灯籠<rt>とうどうろう</rt></ruby>·*to-doro*

形狀像塔一般的燈籠。有像三重塔、五重塔的形式，也有由數層笠頂相疊的形式。

塔のような形をした灯籠。三重塔、五重塔のようなものもあれば、幾重にも笠が連なっている形態もある。

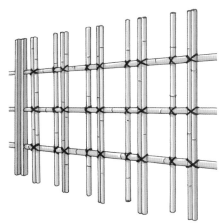

四目垣

四つ目垣 · *yotsume-gaki*

以圓木為主支柱，由竹子組成的圍籬，垂直交錯出四角形的空隙。

丸太の支柱の間に、竹を縱橫に組んで四つ目（四角形）に隙間をあけたもの。

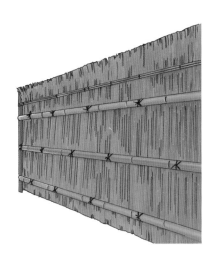

萩垣

萩垣 · *hagi-gaki*

將胡枝子（萩）縱向並排，水平方向以竹子固定的圍籬。

萩を縱にまとめて、橫向きにした竹で固定したもの。

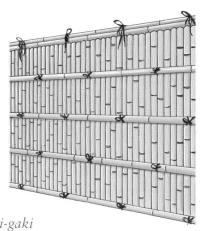

建仁寺垣

けんにんじがき
建仁寺垣 · *kenninji-gaki*

將竹子緊密排列，水平方向以竹子固定的圍籬。是京都建仁寺所使用的圍籬形式。

竹を隙間なく並べて、横向きにした竹で固定したもの。京都・建仁寺で用いられた形式とされる。

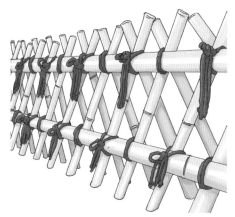

矢來垣

やらいがき
矢来垣 · *yarai-gaki*

將竹子斜向組合，再以繩子固定交叉部分的圍籬。

竹を斜めに組み合わせて、交差した部分を縄で結んで固定したもの。

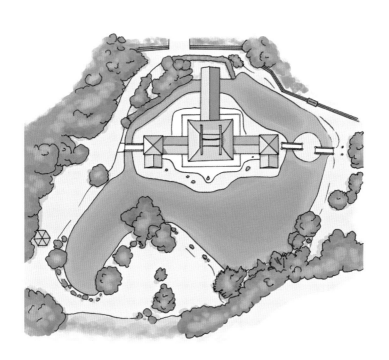

淨土式庭園

浄土式庭園・*jodoshiki-teien*

呈現極樂淨土世界意象的庭園，大多建於平安時代至鎌倉時代之間。正殿（本堂，*hondo*）前方有大池塘與沙岸，並以橋梁連接池中島，而橋具有連接陰陽兩界的涵義。當時佛教的「淨土思想」普及，人們信奉阿彌陀佛，追求往生極樂淨土。最具代表性的淨土式庭園為京都的平等院。

極楽浄土の世界を表現した庭園で、平安から鎌倉時代までに多くつくられた。本堂の前方に大きな池と洲浜状の岸辺があり、池の中島には橋がかけられている。橋はあの世とこの世を繋ぐ役割がある。当時は阿弥陀仏を信仰することで極楽浄土に往生できるという仏教の「浄土思想」が広まっていた。代表的な浄土式庭園として、京都・平等院がある。

日本庭園 · *nihon-teien*

庭園・庭は寺社や貴族の屋敷に水を引き、石を立てることで築かれてきたが、その思想や形式は時代によって変化してきた。現在でも歴史ある寺社でさまざまな形式の庭が見られる。

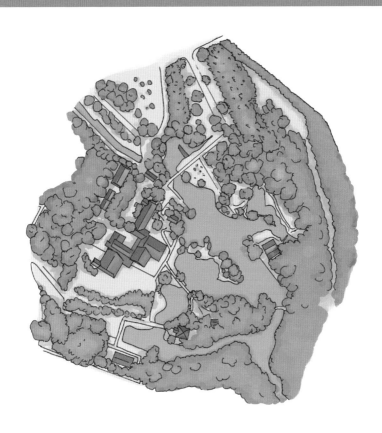

池泉回遊式庭園

池泉回遊式庭園 · *chisen-kaiyushiki-teien*

設有環池步道的庭園，園內建有池中島、橋與茶室（334頁）等。從室町時代開始至江戶時代逐漸發展，屬於「書院造」庭園。所謂的「書院造」是武士住宅的形式之一，以附有壁龕（322頁）的書房為主要起居空間。最具代表性池泉回遊式庭園為京都的二條城與桂離宮。

池を中心に園路がめぐらされた庭園。園内には中島や橋、茶室（334頁）などが築かれる。書院造のための庭園で、室町時代から江戸時代にかけて発展した。書院造とは床の間（322頁）のある書院座敷で構成される、武家住宅の様式の1つ。代表的な池泉回遊式庭園として、京都の二条城や桂離宮がある。

庭園的石組造景

（庭園の石組・*teien no ishigumi*）

三尊石
<ruby>三尊石<rt>さんぞんせき</rt></ruby>・*sanzonseki*

日本庭園習慣將石頭比擬為自然或神佛，透過不同的排列組合，呈現出人們心中的理想世界。三尊石如同供奉佛像時的「三尊佛」形式，將最高的石頭擺在中間，兩旁設置較矮的石頭，但不一定代表佛的形象。有時過於抽象，難以判斷其代表意義，也不一定存在正確答案。

日本庭園では庭石を自然や神仏に見立て、その組み方によって人それぞれの理想の世界を表現する。三尊石は仏像の「三尊形式」のように、中央に背の高い石を据え、両脇にそれよりも低い石を配した石組だが、必ずしも仏の姿を表わしているわけではない。抽象的でなにを表しているのか判別が難しいものもあり、答えがあるとは限らない。

澤渡石

さわたりいし
沢渡石 · *sawatari-ishi*

設置於池塘中的石頭，兼具踏腳石的實用性與美觀。在日本庭園中，池塘象徵海洋或河流。

池のなかに置かれた石。踏み石としての実用性と景観を併せ持つ。日本庭園における池は、海や川を表現している。

沙堆

砂盛 ・ *sunamori*
（すなもり）

堆成圓錐狀的沙石，在枯山水庭園中象徵島或山。

砂を円錐形に盛ったもの。枯山水庭園では島や山を表わす。

枯山水庭園

枯山水庭園 · *karesansui-teien*

不使用水流，主要以白色沙石與石組造景呈現出山、海、瀑布等意象的庭園。室町時代以後，隨著禪宗寺院的興盛而逐漸發展成熟。亦稱「石庭」，以京都的龍安寺最具代表性。

水を使用せずに、主に白川砂と石組などで山や海、川、滝を表現した庭。室町時代以降、禅宗寺院の隆盛とともに成熟していった。「石庭（せきてい）」とも呼ばれ、その代表的なものとして、京都・龍安寺（りょうあんじ）の石庭がある。

沙紋

砂紋 · *samon*

以白色沙石呈現出水波紋的意象。會使用沙石專用的竹耙或掃帚畫出各種紋路（稱為「箒目」），請見 350 ～ 351 頁。

水の動きを白砂で表わした紋様。砂用の熊手や箒を使って、さまざまな紋様を描く（「箒目をつける」ともいう）。その一部を350～351頁で紹介する。

沙紋的種類

（砂紋の種類・*samon no shurui*）

波浪紋
<ruby>青<rt>せい</rt>海<rt>がい</rt>波<rt>は</rt>紋<rt>もん</rt></ruby> · *seigaiha-mon*

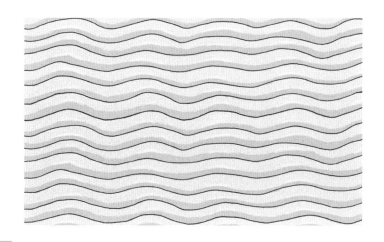

流水紋
<ruby>流<rt>りゅう</rt>水<rt>すい</rt>紋<rt>もん</rt></ruby> · *ryusui-mon*

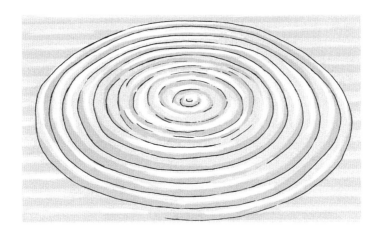

水紋
すいもん
水紋 · *sui-mon*

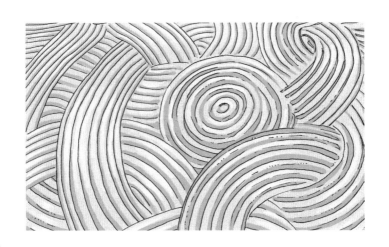

荒波紋
あらなみもん
荒波紋 · *aranami-mon*

城

城（城郭）是日本自戰國時代至江戶時代，武士為了防禦外敵侵略而
建造的堡壘，具各種形式。現存的城大多建於江戶時代，具有石牆、
護城河及天守。

<hr />

1

天守

てんしゅ
天守・*tenshu*

築於城內、屋頂由瓦片砌成的多層樓建築。原是作為堡壘的大型高櫓，後由織田信
長發展成具3、4層樓的豪華建築物，稱之為「天守」。屋頂主要採歇山式（308頁），
結構複雜，型態多樣，具有3個大屋頂的天守，稱為「三重天守」。

城に築かれる瓦葺きの高層建築。砦としての大型の櫓（やぐら）を織田信長が「天守」と
いう3、4階建ての豪華な建築物に革新した。屋根は入母屋造り（308頁）を主に、複雑に
構成されるが、大屋根が3つある天守は「三重の天守」という。天守にはさまざまな形態
がある。

城・*shiro*

城（城郭）は戦国時代から江戸時代にかけて、武家が外敵の侵入を防ぐために築いた砦のこと。さまざまな形式があり、現在見られる城の多くは石垣や堀、天守を持った江戸時代のものである。

____2

櫓
やぐら
櫓・*yagura*

築於城內的櫓，指的是用來收納弓箭等武器，並監視四周的望樓。與天守一樣採用瓦片屋頂的櫓，根據屋頂的數量，分為「平櫓」、「二重櫓」、「三重櫓」，其中「三重櫓」可替代天守。另外依照不同功能，亦有「渡櫓」、「物見櫓」、「付櫓」等名稱。

城郭における櫓とは、矢などの武器を納めたり（矢蔵）、物見（監視）をするための建造物のことを指す。天守と同様に瓦屋根を使った櫓は、屋根の数によって「平櫓」「二重櫓」「三重櫓」と呼ばれ、三重櫓は天守の代用にもなる。役割によって「渡櫓」「物見櫓」「付櫓」などの名前がある。

虎頭魚身
しゃちほこ
鯱・*shachihoko*（*shachi*）

設於天守屋頂的頂端，以求避免祝融之災的裝飾。「虎頭魚身」是一種幻想生物，傳說擁有降雨的能力。至於現實中實際存在的動物「虎鯨」，日語也同樣稱為「シャチ（*shachi*）」，但兩者並不相同。

天守の最上部の屋根にある、想像上の生き物「鯱（しゃちほこ／しゃち）」を模した火除けの飾り。現代でも見ることのできるマイルカ科のシャチとは別の生き物で、虎の頭を持ち、胴体は魚である。雨を降らすことができるという言い伝えから掲げられたとされる。

神社

神社祭祀日本傳統宗教——神道教的神祇，由社殿及其他附屬建築物構成。
日本認為世間萬物皆有靈，有所謂的「八百萬神（八百万の神，*yaoyorozu no kami*）」，因此自然景物、動物或人都可能成為祭祀的對象。

鳥居

（鳥居，*torii*）

神明鳥居

しんめいとり い
神明鳥居・*shimmei-torii*

鳥居一般設於神社的入口處，2根柱子之間以「貫」連結，再架上橫向的「笠木」
所組成，是區隔神域與俗世的界線。而這種以直線構成、樣式簡約的神明鳥居，常
見於伊勢神宮系列的神社。

鳥居とは2本の柱を貫（ぬき）で連結し、その上に笠木（横材）を渡したもの。直線的でシ
ンプルな神明鳥居は、伊勢神宮系の神社でよく見られる形。鳥居は神域と俗界を隔てる境
界として、神社の入り口に立てられる。

神社 · *jinja*

日本固有の宗教・神道において神を祀るところ。社殿と付属の建造物からなる。日本は「八百万（やおよろず）」の神がいると言われるように、自然や動物、人などさまざまなものも祀られている。

明神鳥居
明神鳥居 · *myojin-torii*

一般最常見的鳥居。2 根柱子之間的「貫」貫穿而出，最上面的「笠木」兩端微彎。

最も一般的な鳥居。貫が2本の柱を貫通し、笠木（横材）が端に向かってゆるやかに曲線を描いている。

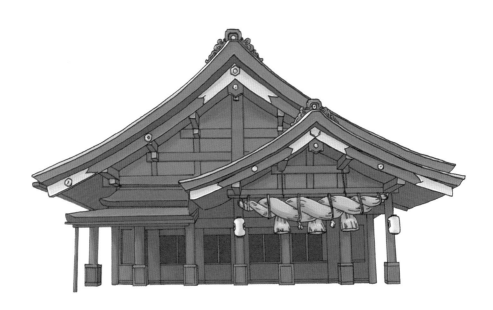

大社造社殿

<ruby>大社造<rt>たいしゃづく</rt></ruby>り・*taisha-zukuri*

屋頂為懸山式（308頁），正門位於山牆（妻側，307頁）的左側或右側，日語稱為「妻入り（*tsuma-iri*）」形式的社殿。屬於神社建築最古老的形式之一，以島根縣的出雲大社為代表。

切妻造り（308頁）の屋根で、妻側（307頁）が正面になる「妻入り」の社殿。妻側の右または左に入り口がある。島根県・出雲大社に代表される、神社建築において最古の形式の1つである。

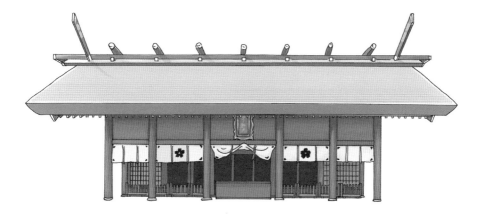

神明造社殿
しんめいづくり
神明造り · *shimmei-zukuri*

屋頂為懸山式，正門位於檐牆（平側，307頁），日語稱為「平入り（*hira-iri*）」
形式的社殿。特徵為屋脊上裝飾著許多「堅魚木」[※]，以三重縣的伊勢神宮為代表。
※ 編注：裝飾於屋脊上，與正脊呈直角，彼此平行設置的數根圓木。

切妻造りの屋根で、平側（307頁）が正面になる「平入り」の社殿。棟木の上に装飾材「堅
魚木（かつおぎ）」が多く並んでいるのが特徴。三重県・伊勢神宮に代表される形式であ
る。

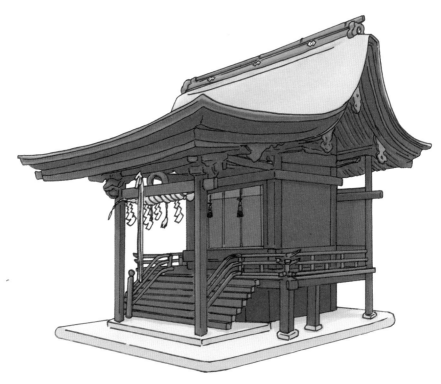

流造社殿

<ruby>流造<rt>ながれづくり</rt></ruby>り ‧ *nagare-zukuri*

與「神明造」（357頁）同為懸山式屋頂（308頁）、正門位於櫼牆的社殿，但屋頂的前坡比後坡長，是日本最常見的神社建築型態。以京都的上賀茂神社、下鴨神社為代表。

神明造り（357頁）のように切妻造り（308頁）の屋根で「平入り」の社殿だが、屋根の前流れが後ろに比べて長いのが特徴。全国の神社で最も多く見られる構造で、京都の上賀茂神社、下鴨神社などに代表される形式である。

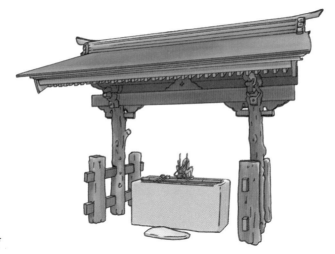

手水舍

すいばんしゃ
水盤舍 · *suibansha* ／ちょうずや
手水舍 · *chozuya*

在前往正殿參拜之前，提供信眾洗手、漱口的設施。一般的流程為：①洗左手；②洗右手；③以左手盛水漱口；④再洗一次左手；⑤將盛有水的柄杓立起，清洗杓柄。

参拝者が本殿でお参りする前に手や口を浄めるための施設。一般的な手水の仕方は①左手を洗う、②右手を洗う、③左手に水を受けて口をすすぐ、④再度左手を洗う、⑤水を入れた柄杓を立てて柄を洗う、という順番で行う。

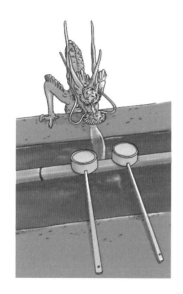

柄杓

ひしゃく
柄杓 · *hishaku*

舀水用的長柄杓。盛水的部分稱為「合」，一般為竹製，但也有木製或金屬製。神社的柄杓通常會將「合」的部分朝下放置，但在露地的洗手處（338頁），柄杓則是橫擺。

水や液体を汲む道具。水を入れる部分を「合（ごう）」という。竹製が一般的だが、木製や金属の簡易的なものもある。神社の柄杓は合を伏せて置くが、露地の蹲踞（つくばい／338頁）の柄杓は合を横向きに置く。

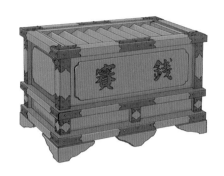

香油箱
さいせんばこ
賽錢箱・*saisen-bako*

放置於社殿前，供信眾投入香油錢（賽錢，*saisen*）的箱子。古時是用紙張包裹米等山珍海味供奉神明，而非捐獻金錢。現在正確的參拜方式，是先投入香油錢表達對神明的感謝，再向神明許願。

社殿の前に置かれたお賽銭（金銭）を入れるための箱。本来は金銭ではなく、自然の恵みに感謝して海や山の幸、特に米を紙で包んで神様に供えていた。いまでも、お賽銭で感謝の気持ちを表わしてから、次の願い事をするのが正しい参り方である。

狛犬／石獅子
こまいぬ　　　　　　　　 しし
狛犬・*komainu*／獅子・*shishi*

設置於神社門口或社殿前，用於鎮守聖域的一對石像，形象與狗或獅子相近。由於源自波斯、印度一帶，因此被稱為「高麗犬／狛犬」，意為「異國之犬」。與仁王像（365頁）相同，嘴巴張開的稱為「阿形」，嘴巴閉起的稱為「吽形」。

神社の門前や社殿の前に置かれた、犬もしくは獅子に似た一対の像。聖域を守る存在である。ペルシアやインド地方が起源とされるため、「異国の犬」という意味で「高麗（こま）犬＝狛犬」と称された。仁王像（365頁）と同様に口を開けているほうが「阿形（あぎょう）」、口を閉じているほうが「吽形（うんぎょう／んぎょう）」と呼ばれる。

注連繩

しめなわ
注連繩・*shime-nawa*

標示聖域界線的稻草繩。除了神社，日本過年時家家戶戶也會在自家玄關裝飾注連繩。島根縣的出雲大社也以巨大的注連繩聞名。

神聖な場所との境界を示す藁（わら）の縄。神社以外にも、正月に自宅の玄関に飾ったりする。島根県・出雲大社の巨大な注連縄が有名。

紙垂

しで
紙垂（四手）・*shide*

附在注連繩或紅淡比（417頁）、御幣※等供奉物上的白紙，有各種折法和裁法。傳說可以驅邪。
※ 編注：在竹或木製的棍棒上夾有紙垂的幣帛，被視為神靈的依附物。

注連縄や神前に供える榊（さかき／417頁）、御幣（ごへい）などにつけて垂らす白い紙。折り方や断ち方にはさまざまな形式がある。邪悪なものを追い払うという。

搖鈴

鈴 ˙ *suzu*

參拜時，搖晃鈴繩使鈴鐺作響，便可呼喚神明。此外，鈴鐺清脆的聲響也能替信眾消災除厄。鈴繩通常為紅白雙色或五色繩。

參拝の際、鈴緒を振って鈴を鳴らすことで、神様を招く。また、鈴の清々しい音色が参拝者を祓い清めるとされる。鈴緒は紅白あるいは5色が一般的。

籤

おみくじ · *omikuji*

求神問卜時抽的籤。抽籤時，必須搖晃籤筒，讓籤從籤筒上的小洞掉出，再根據籤上的號碼領取籤詩，確認吉凶。抽到的籤詩可以帶回家，也可以綁在指定的場所。據說過去是直接將籤詩綁在神社的樹上，現在則是特別設置一個綁籤詩的場所，以避免傷害樹木。

神様のお告げを問い、吉凶を占う「くじ」。おみくじの箱を振って、穴からくじを出し、そこに書かれた番号の紙をもらって吉凶を確認する。引いたおみくじは持ち帰るのもよし、定められた所に結んでもよい。昔は境内の木に結んで帰ったそうだが、いまでは木を傷つけないために結ぶ場所が確保されたといわれる。

佛教寺院的建築樣式，會根據其歷史與宗派而有所不同。在此介紹構
成寺院建築的門、佛殿以及佛塔。

門

（門・*mon*）

四柱門

しきゃくもん
四脚門・*shikyaku-mon*

前後各有一對門柱，合計共 4 個支柱的門，是寺院建築中最常見的門的形式。另有
總共具 8 個門柱的八柱門，日語稱為「八腳門（*hakkyaku-mon*）」。

2本の門柱（本柱）の前後に、合わせて4本の控柱（ひかえばしら）がある門。寺院の建築
様式のなかでよく見られる門の形である。控柱が計8本の「八脚門」もある。

寺院・*jiin*

仏教寺院には、歴史や宗派によってさまざまな建築様式がある。一例として、ここでは寺院を構成する門、仏殿、塔を紹介する。

風鐸
→ p.369

樓門
ろうもん
楼門・*ro-mon*

上有一層屋頂、狀似樓閣的雙層構造大門，上層與下層之間設有附欄杆的迴廊。若有兩層屋頂，則稱為「二重門」。

屋根が一重で、楼閣風の2階建ての門。高欄（こうらん）付きの回り縁（周囲を取り巻く縁）が、上層と下層の間についている。屋根が二重になっていると「二重門」と呼ばれる。

仁王像
に おうぞう
仁王像・*niozo*

佛教中一對守護神的神像，名為「金剛力士像」，但成對出現時亦稱「仁王（二王）」。與狛犬（360頁）相同，面朝佛像時，左側為「阿形」，右側為「吽形」。

仏教における守護神の一対の像。「金剛力士像」という名前だが、二体一対のときには「仁王（二王）」とも呼ばれる。狛犬（360頁）と同様に、向かって左に「阿形（あぎょう）」、右に「吽形（うんぎょう／んぎょう）」がある。

佛殿
仏殿・*butsuden*

安置佛像，供信眾奉拜的正殿。

仏像を安置し、礼拝するための本堂。

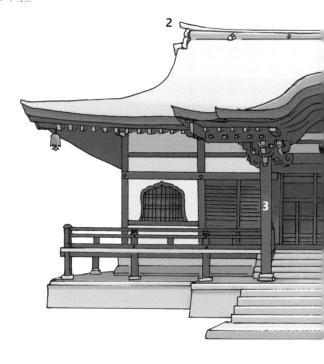

1

懸魚
懸魚・*gegyo*

裝飾於破風（310頁）上的木板。有各種樣式，據說最早是為了祈求免除祝融之災而採用魚的形狀，因此得名。

破風（310頁）に取り付けられた飾り板。いろいろな形があるが、本来は、火災に遭わないようにという願いを込めて水と関わりのある魚の形にしたため、この名が付いたとされる。

2

鳥衾
鳥衾・*toribusuma*

正脊或垂脊（306頁）尾端突出的瓦。位於鬼瓦（307頁）之上。

大棟や降棟（306頁）の先端に突き出した瓦のこと。鬼瓦（307頁）の上についている。

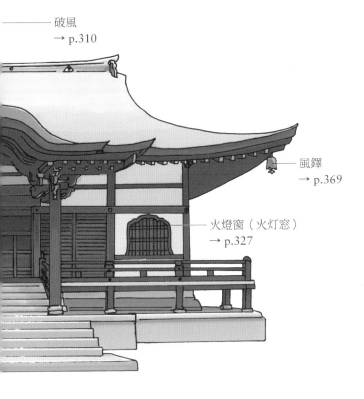

破風
→ p.310

風鐸
→ p.369

火燈窗（火灯窓）
→ p.327

___
3

向拜柱

こうはいばしら
向拝柱・*kohai-bashira*

如「流造社殿」（358 頁）般向外突出的屋簷及屋簷下的空間，稱為「向拜」，信眾會在此敬拜佛像；而支撐這部分屋簷的柱子，便稱為「向拜柱」。

流造り（358頁）の屋根のように、前に張り出させた屋根と、その下の空間を「向拝」といって拝礼空間となる。その屋根を支える柱を「向拝柱」という。

五重塔

五重塔・*goju-no-to*

佛塔是存放舍利（佛陀或聖人的遺骨）與經卷的高層建築。有三重塔、五重塔，甚至是十三重塔，層數皆為單數。源自印度安置釋迦牟尼遺骨的「卒塔婆」。日本最古老的佛塔為奈良縣法隆寺的五重塔。

仏塔は舎利(仏陀や聖人の遺骨)、経典などを納める高層建築。三重塔、五重塔をはじめ、十三重まで奇数の屋根の塔がある。釈迦の遺骨を安置するために建立されたインドのストゥーパに由来するとされる。日本最古は奈良県・法隆寺の五重塔である。

寺院

1

相輪

そうりん
相輪・*sorin*

佛塔上方的金屬裝飾。共由7個部分組成，由下而上依序為露盤、伏鉢、請花、九輪、水煙、龍車、寶珠。

仏塔の上部にある金属の装飾部分。下から、露盤（ろばん）、伏鉢（ふせばち）、請花（うけばな）、九輪（くりん）、水煙（すいえん）、龍車（りゅうしゃ／竜舎）、宝珠（ほうじゅ）の7パーツからなる。

2

風鐸／寶鐸

ふうたく
風鐸・*futaku*
ほうたく
宝鐸・*hotaku*（*hochaku*）

懸掛於佛殿或佛塔屋簷四角的青銅製鐘形鈴，類似風鈴。

仏殿や仏塔の軒の四隅に吊らされる、青銅製で鐘形の鈴。風鈴（ふうりん）と似たもの。

日本建築

榻榻米的尺寸
畳のサイズ　*Tatami no saizu*

日本人習慣以榻榻米的數量「○○疊」來表示室內空間的大小，儘管現在使用榻榻米的住宅愈來愈少，但以鋪裝地板為生活空間的日本人，至今仍受到榻榻米的影響。在此介紹日本各地的榻榻米尺寸。

日本人は部屋の広さを「○○畳」と言って、畳の枚数で把握してきた。現在では畳のある住宅は少なくなってきたが、それでも床の上で生活する日本人のライフスタイルは畳に影響を受けているとされる。ここでは、地域によって異なる畳のサイズについて紹介する。

以京都為中心的關西一帶
京間（本間・關西間）＝ 6 尺 3 寸（約 191cm）×3 尺 1 寸 5 分（約 95.5cm）

京間（本間・関西間）＝6尺3寸（約191cm）×3尺1寸5分（約95.5cm）

以名古屋為中心的中部地區
中京間＝ 6 尺（約 182cm）×3 尺（約 91cm）

中京間＝6尺（約182cm）×3尺（約91cm）

以關東一帶為中心的東日本
江戶間（關東間）＝ 5 尺 8 寸（約 176cm）×2 尺 9 寸（約 88cm）

江戶間（関東間）＝5尺8寸（約176cm）×2尺9寸（約88cm）

其他尺寸的榻榻米
團地疊＝為了配合公寓大廈或集合住宅（團地）的居住空間，而將尺寸縮小的榻榻米。大小約 5 尺 6 寸（約 170cm）×2 尺 8 寸（約 85cm）。

琉球疊＝原指使用名為七島藺的植物作為表層的榻榻米，現在多指半張標準榻榻米的大小，或是一張使用七島藺作為表層的榻榻米。

団地畳＝マンションや団地に合うように、小型化した畳のこと。5尺6寸（約170cm）×2尺8寸（約85cm）ほどの大きさ。

琉球畳＝現在では半畳サイズの畳を指すことが多い。本来はシチトウという植物を畳表に使用した畳のことをいい、シチトウの畳表を使用していれば1畳サイズの畳も琉球畳と呼ぶ。

生活用品

桐木櫃

きりたんす
桐簞笥 · *kiri-tansu*

日語的「簞笥」指的是收納衣服或物品的抽屜櫃。有些衣櫃（衣裝簞笥，*isho-tansu*）附有特殊的抽屜，方便收納折好的和服。桐木重量輕、防蟲、可適度保溼，是衣櫃常用的材料。日本有新娘父母贈送親家抽屜櫃的習俗，日語稱「嫁入り簞笥（*yomeiri-tansu*）」。

簞笥とは衣類や道具を収納するための引き出しがついた家具。衣装簞笥には、畳んだ着物を入れる特別な引き出しがついている場合もある。軽量で防虫性が高く、内部の湿度も一定に保つ桐材は、衣装簞笥の定番になっている。花嫁の両親が嫁ぎ先に簞笥を贈る風習があり、「嫁入り簞笥」とも呼ばれる。

家具・*kagu*

日本の家具は和服と畳に座る生活に即してつくられている。洋風化した現代の一般家庭で使われることは少なくなったが、旅館や料亭、和風住宅ではいまも見られる。

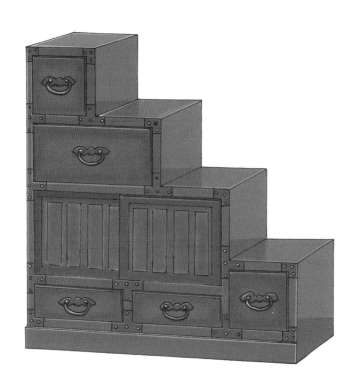

階梯櫃

階段簞笥（<ruby>かいだんたん<rt></rt></ruby>す）・*kaidan-tansu* ／箱簞笥（<ruby>はこたん<rt></rt></ruby>す）・*hako-tansu*

裝設在家中樓梯側面的抽屜櫃，現在有時是單純作為裝飾。收納物品的抽屜櫃種類多樣，各有不同用途，例如用於收納小東西的雜物櫃，日語稱為「用簞笥（*yo-dansu*）」、「手元簞笥（*temoto-tansu*）」；用於收納茶具的茶櫃，稱為「間簞笥（*ken-dansu*）」、「茶簞笥（*cha-dansu*）」；用於收納中藥的藥櫃，稱為「藥簞笥（*kusuri-tansu*）」等等。亦有附繩子或輪子的款式，以便在火災等需要時搬動。

家屋の階段の側面に引き出しをつけた簞笥。現在ではインテリアとしての家具になっている場合もある。道具簞笥には用途に応じてさまざまな形があり、雑多なものを入れる用簞笥や手元簞笥、茶の道具などを入れる茶の間簞笥（茶簞笥）、漢方薬を入れる薬簞笥などがある。なかには、火事などに備えて、紐付きや車輪付きの可動式もあった。

裝飾架

かざ　だな
飾り棚・*kazari-dana*

放置文具或美術品的架子。其中稱為「廚子棚」或「三棚」的三層架，在中層和下層設有對開式的櫥櫃「廚子（厨子，*zushi*）」，這種形式的裝飾架在過去的武家或朝廷公家都非常普遍。

文房具や美術品などを飾るための棚。なかでも、三段式で二枚の開き扉がある物入れ（厨子／ずし）を中段と下段につけた「厨子棚」「三棚」と呼ばれるものは、武家や公家の道具として普及した。

掛衣架

い　こう
衣桁・*iko*

用於掛和服或腰帶等服飾的家具。種類繁多，圖為直接立於地面、可對折收納的款式。而和服專用的衣架日語稱為「衣紋掛け（*emon-kake*）」。

着物や帯など衣服をかけておく道具。イラストは床に直接立て、二つ折りにできるものだが、さまざまなスタイルがある。着物用ハンガーは「衣紋（えもん）掛け」ともいう。

梳妝臺
鏡台・*kyo-dai*

化妝或梳理頭髮時使用的家具。附有鏡子和小抽屜，可收納化妝品或髮飾。

化粧や髪結いのときに用いる。化粧品や髪結いの道具などを入れておく小箪笥の上に鏡がついている。

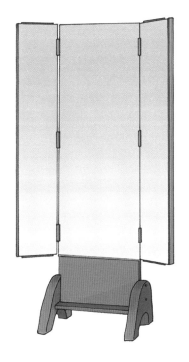

全身鏡
姿見・*sugatami*

可映照全身的細長形鏡子，也有如圖中一般的對開式全身鏡。日本的鏡子直到江戶時代中葉都還是用銅等金屬片磨亮製成，直到末期才開始使用現代的玻璃鏡。

全身を写す細長い鏡。イラストのように観音開きの扉がついている姿見もある。鏡は江戸時代中期までは銅などの金属板を磨いたものであったが、後期からは現代にも通じるガラス鏡を使い始めたとされる。

矮餐桌

卓袱台 · *chabu-dai*

坐在榻榻米上用餐時使用的桌子，大多為圓形，可以把桌腳折起收納。江戶時代用餐時，每個人會各自使用附支腳的餐盤或餐盒（箱膳，*hakozen*），到了近代則演變為一家人圍著矮餐桌用餐。

畳に座って食事をするときのテーブル。円形が多く、脚を折り畳んで片付けることができる。江戸時代は脚付き膳や箱膳を一人ずつ使っていたが、近代になって、家族で卓袱台を囲むのが日常の風景になった。

茶几

座卓 · *zataku*

和室用的矮桌。主要於接待客人用的客廳等使用，因此桌面周圍和桌腳大多有雕花裝飾。

座敷用の脚の短いテーブル。主に接客用の部屋で用いる家具だったため、天板の周囲や脚に装飾的な文様が彫られていることが多い。

座墊
座布団・*zabuton*

中心鋪有棉花，在榻榻米上使用的座墊。棉花的產量在江戶時代漸增，因而普及開來。在此之前多用以藺草或稻草製作的草編墊（円座，*enza*）。

畳に敷く、木綿綿（もめんわた）が入ったクッション。木綿の生産量が増えた江戸時代に普及した。それ以前は藺草（いぐさ）や藁（わら）でつくった敷き物（円座）を使っていた。

和室椅
座椅子・*zaisu*

有椅背、沒有椅腳的和室椅。一般會放上座墊，作為茶几用的椅子。現仍常見於日式旅館或傳統餐廳。

脚のない背もたれ。上に座布団を敷いて、座卓用の椅子とする。現在でも旅館や料亭でよく見られる。

扶手
脇息・*kyosoku*

坐在和室時，放在身旁供手肘憑倚的扶手。如圖所示，有些款式會在手肘倚靠的部分鋪棉。

座敷に座ったときに、身体の脇に置いて肘をもたせ掛ける肘掛。イラストのように、肘を置く部分には綿入りの織物が張ってある場合もある。

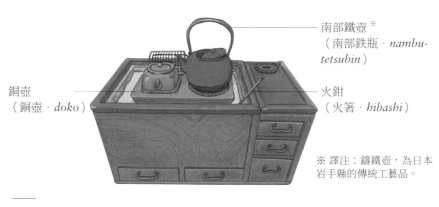

南部鐵壺 ※
（南部鉄瓶・*nambu-tetsubin*）

銅壺
（銅壺・*doko*）

火鉗
（火箸・*hibashi*）

※ 譯注：鑄鐵壺，為日本岩手縣的傳統工藝品。

長火爐

関東火鉢・*kanto-hibachi* ／長火鉢・*naga-hibachi*

燒炭取暖用的長方形火爐。構造類似一個長櫃，旁邊做成桌面，下方有抽屜。如圖所示，有些火爐可以將名為「銅壺」的煮水壺放在炭火上加熱。

炭を燃料とする暖房具「火鉢」のうち、長方形の箱型のもの。脇が机になっており、その下に引き出しがついている。イラストのように、灰の上に「銅壺（どうこ）」と呼ばれる湯沸かし器を備えているものもある。

火鉗
（火箸・*hibashi*）

暖手爐

手焙り・*te-aburi*

供雙手取暖的小火爐。使用時先將灰放進爐內，再燃燒炭火。有陶製、木製、石製等各種材質。亦可將「五德」（一種 3 腳或 4 腳的圓形爐架）置於爐上，用鐵壺燒開水，或是擺上鐵網來炭烤食物。

その名の通り、手を焙るための小形の火鉢。中に灰を入れ、炭火を熾して使う。陶製、木製、石製などさまざまある。灰の上に五徳（3本または4本の脚がある輪）を置いて、鉄瓶をかけて湯を沸かしたり、網をのせて食べ物を焼いたりすることもある。

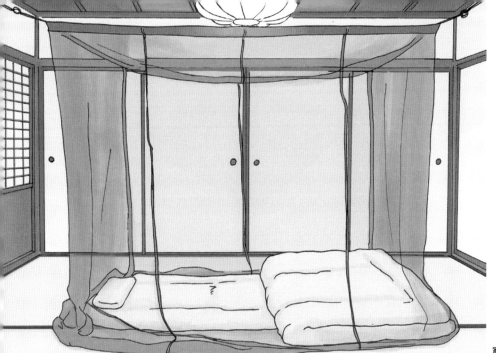

蚊帳

蚊帳・*kaya*

阻隔蚊蟲的幔帳，以麻或棉製成。主要使用於就寢時，將四角掛在天花板上，罩住床墊。以滾紅邊的綠色蚊帳最為普遍。

蚊や害虫を防ぐための覆い。麻や綿でできている。主に就寝時に使われ、四隅を天井から吊って寝床を覆う。全体が緑色で、赤い縁取りのタイプが一般的。

蚊香

蚊取り線香・*katori-senko* ／蚊遣り線香・*kayari-senko*

驅除蚊蟲的香。將除蟲菊（具有殺蟲效果的菊花）的花與莖磨成粉末，再用漿糊使其凝固製成，最常見的是可以長時間燃燒的漩渦狀蚊香。古時是燃燒木柴驅趕蚊蟲，稱為「蚊遣り火（*kayari-bi*）」。

蚊を除くための線香。除虫菊（殺虫成分を含む菊）の花や茎などの粉末を糊で固めたもので、長時間燃えつづけるように渦巻状にしたものが一般的。昔は木を燻して虫を追い払うだけの「蚊遣り火」だった。

蚊香豬

蚊取り豚・*katori-buta* ／蚊遣り豚・*kayari-buta*

用於放置蚊香的豬造型陶瓷容器。內部附有鐵絲，可將蚊香掛在鐵絲上點火。至於為何是豬的造型，則未有定論。

蚊取り線香を入れておく豚型の陶器製容器。内部に針金がついており、そこに蚊取り線香をかけて火をつける。なぜ豚の形になったのかについては諸説ある。

編織籃
葛籠 · *tsuzura*

以防己科的藤蔓或竹子編成的盒子。表面一般會糊紙後再上漆,可用來收納衣服。

ツヅラフジの蔓や竹などを編んでつくられる箱状の物入れ。上から紙を張り、漆を塗った
ものが定番。衣服などを入れる。

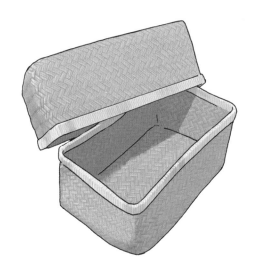

行李籃
行李 · *kori*

用竹或柳枝編成的盒子,屬於編織籃的一種。可用來裝衣服或旅行時的行李。用於
盛裝白飯的小型編織籃日語則稱為「飯行李(*meshi-kori*)」。

竹や柳を編んでつくられる箱状の物入れ。葛籠(つづら)の一種。衣類や旅行用の荷物を
入れたりする。ご飯を入れるための小さな行李を「飯行李」と呼ぶ。

長木箱

長持・*nagamochi*

長方形的木製大收納箱，可收納衣物或生活用品。兩側有提環，便於搬運。據說也有附輪的巨大款式。

長方形で木製の大きな物入れ。衣服や調度品などを保存しておく。棹通しがついているため、持ち運びも可能。車輪の付いた巨大なものもあったという。

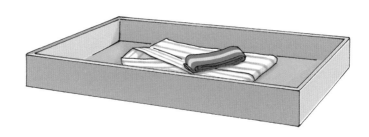

置衣箱

乱箱・*midare-bako*／乱衣装箱・*midare-isho-bako*

放置換洗衣物或乾淨衣物用的淺箱，一般置於寢室或更衣室，多為木製。據說源自平安時代朝廷公家日常使用的「打亂箱」，過去用於放置衣物、手拭巾或於梳頭時使用。現在仍常見於日式旅館，用於放置供客人換穿的浴衣。

脱いだ衣服やこれから着る衣服を入れるための浅い箱。寝室や更衣室に置く。木製が一般的。平安時代の公家の調度品である「打乱箱（うちみだりばこ）」が原型とされ、衣服や手拭いを入れたり、髪を梳くときに使っていた。現在では旅館でよく見られ、部屋着（浴衣）などが入れてある。

單片式屏風

ついたて
衝立・*tsuitate*

用於隔間、遮蔽的家具。有簡單的木製、竹製、蘆葦製品，也有附骨架或類似紙門（324 頁）、格子門（325 頁）的形式，樣式豐富，兼具裝飾性。多置於玄關或和室的分界、寢室的入口等位置。

室内を仕切ったり、目隠ししたりするために立てるもの。シンプルな木製のものや、竹製、葦（あし）製、桟の入ったもの、襖（324頁）や障子（325頁）のようなものなどさまざまな意匠があり、衝立自体が部屋の装飾を兼ねている。玄関や座敷の境目、寝室の入り口などに置かれることが多い。

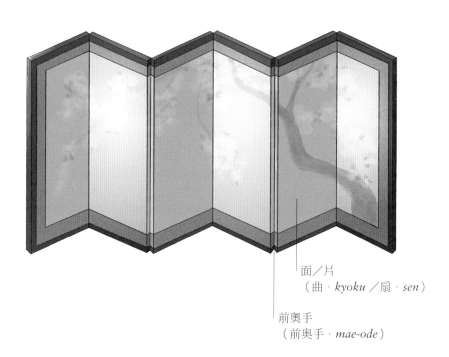

面／片
（曲・*kyoku* ／扇・*sen*）

前奧手
（前奧手・*mae-ode*）

多片式屏風

屏風・*byobu*

如紙門（324頁）一般在框架上糊紙，加以連結而成的多片式屏風，由單片式屏風（383頁）演變而來。二片式的屏風日語稱為「二曲屏風（*nikyoku-byofu*）」，就寢時放在枕邊使用；圖中為「六曲屏風（*rokkyoku-byofu*）」，可作為藝術品裝飾於和室；而六面一對的屏風，稱為「六曲一双屏風（*rokkyokuisso-byofu*）」。

襖（324頁）のように格子に紙を貼ったものを、2つ以上連結させた衝立（383頁）の一種。2枚折りのものを「二曲屏風」といい、就寝時に枕元に立てたりする。イラストのような「六曲屏風」は座敷に飾る美術品としても用いられる。六曲屏風2枚で一対となるものを「六曲一双屏風」と呼ぶ。

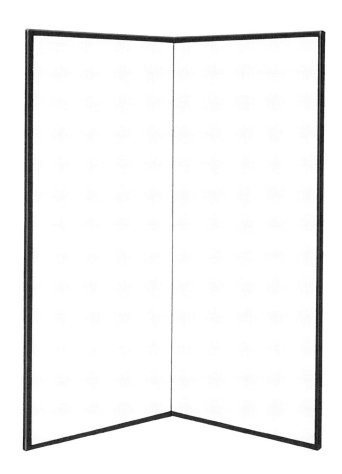

廚房屏風

<ruby>勝手屏風<rt>かってびょうぶ</rt></ruby>・*katte-byobu* ／ <ruby>水屋屏風<rt>みずやびょうぶ</rt></ruby>・*mizuya-byobu*

縱長的二片式屏風。一般置於廚房（勝手／水屋）門口，避免客人直接看見廚房。

縦長の二曲屏風。台所（勝手／水屋）の前に立てて、客人から台所が見えないようにするために用いる。

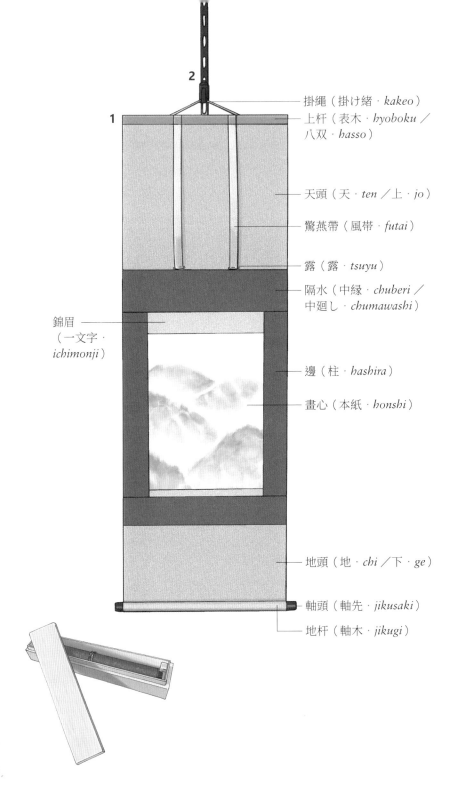

掛繩（掛け緒・*kakeo*）

上杆（表木・*hyoboku* ／
八双・*hasso*）

天頭（天・*ten* ／上・*jo*）

驚燕帶（風帶・*futai*）

露（露・*tsuyu*）

隔水（中縁・*chuberi* ／
中廻し・*chumawashi*）

錦眉
（一文字・
ichimonji）

邊（柱・*hashira*）

畫心（本紙・*honshi*）

地頭（地・*chi* ／下・*ge*）

軸頭（軸先・*jikusaki*）

地杆（軸木・*jikugi*）

_____ 1

掛軸
掛物 · *kakemono* ／掛け軸 · *kakejiku*

可掛於壁龕（322頁）作為裝飾的書畫。將書畫以布裝裱，再加上軸心，使其可捲起收納。一般會配合季節或來客挑選適合的掛軸。不使用時，會將掛軸捲起，收藏於專用的盒中。

床の間（322頁）に掛けて飾る書画のこと。書画を裂（きれ／布）で縁取りして軸を取り付け、巻き納めることができるようになっている。季節や客人に合った掛物を掛けてもてなす。使用しない場合は、丸めて専用の箱に入れて保管する。

_____ 2

掛畫勾
自在 · *jizai*

將掛軸掛於壁龕時，用於調整高度的工具，有金屬製、竹製或木製品。造型細長，附有可調式掛勾，使用時先將掛勾調整到適當的高度，再掛上掛軸。

床の間に軸を掛けるときに、高さを調整するための道具。金属製、竹製、木製の細長い自在に可動式の釘がついていて、ちょうどよい高さに釘を調節して軸の紐（掛け緒）を掛ける仕組み。

步道燈

足元行灯 · *ashimoto-andon*

置於地面，照亮腳邊路徑用的燈籠。現在多用於日式旅館的庭院或走廊、露地（338頁）等。

行灯のうち、足元に置いて足場を照らすためのもの。現在では旅館の庭や通路、露地（338頁）などで使われる。

灯火具 · *tokagu*

昔の灯火具の火種は植物油やロウソクで、屋外で使用するものは風除けのために和紙（396頁）や絹を張った囲いの中に入れた。これを「行灯（あんどん）」と呼び、用途に応じて種類がある。

短檠

短檠 · *tankei*

使用燈油與燈芯點火的照明用具。燈芯是以棉線捻成的繩子，將燈油倒入名叫「雀瓦」的容器後，再把燈芯浸泡於其中點火。現在有時可在夜間的茶席上看見。

油と灯芯でともす灯り。灯芯とは綿糸でできた紐状のもの。「雀瓦（すずめがわら）」と呼ぶ器に油を入れ、灯芯を浸して火をつける。現在では夜の茶席で目にすることがある。

燈具

手燭

手燭 · *teshoku*

附柄的燭臺。直至今日仍會在夜間的茶會上使用。

持ち手（柄）をつけたロウソク立て。現在でも、夜に行う茶会で用いられる。

生活用品

389

提燈

ちょうちん
提灯 · *chochin*

中央點蠟燭，可手持的燈籠。有各種形狀與用途，例如吊於提把末端，夜晚用於照亮路面的「乘馬提燈」、祭典使用的「祭典燈籠」、可折疊的「小田原提燈」、盂蘭盆節（150頁）裝飾於佛龕或迎接祖先靈魂時使用的「盂蘭盆燈籠」等等。

なかにロウソクを入れて提げて使う行灯（あんどん）。持ち手の先にぶら提げて夜道を照らす「馬乗り提灯」、祭礼で使う「祭り提灯」、折り畳むと箱状になる「小田原提灯」、盆行事で仏壇を飾ったり、先祖の霊を迎えるときに使用する「盆提灯」など、さまざまな形状や用途がある。

盂蘭盆燈籠
（盆提灯 · *bon-chochin*）

祭典燈籠
（祭り提灯 · *matsuri-chochin*）

乘馬提燈
（馬乗提灯 · *umanori-chochin*）

小田原提燈
（小田原提灯 · *odawara-chochin*）

文具

現在被視為「書法用具」的文具，在過去是日常使用的文具。筆、墨、紙、硯合稱為「文房四寶」。

1

毛筆

筆 *fude* ／毛筆 *mohitsu*

根據所需的彈性、長度、強度，從羊、鹿、馬、狸等獸毛中挑選適合的毛組成筆頭，再加上筆桿製成。種類豐富。

羊、鹿、馬、狸などの毛を、それぞれの弾力・長さ・強度を考えながら組み合わせて穂をつくり、持ち手となる軸（筆管）をつける。筆の種類は多種多様。

現在、「書道用品」とされる道具も、かつては日常使いのもの。墨、硯、筆、紙は「文房四宝（ぶんぼうしほう）」と呼ばれる。

2

筆架　筆架 ひっか · *hikka*

將筆頭置於其上，暫時擱置的用具。

筆の先を架けて休ませておく台のこと。

3

墨　墨 すみ · *sumi*

將明膠與香料加入煤中，使其凝固製成；或指磨好的墨水。其中，使用燃燒菜籽油、芝麻油所採得的煤製成者，稱為「油煙墨」；使用燃燒松脂所採得的煤製成者，稱為「松煙墨」。

煤（すす）に膠（にかわ／ゼラチン）と香料を加えて固めたもの。もしくはそれを水にすって液体化したもの。菜種や胡麻などの油を燃やして採った煤を使う「油煙墨」、松脂（まつやに）を燃やして採った煤を使う「松煙墨（しょうえんぼく）」がある。

4

硯臺　硯 すずり · *suzuri*

以石頭雕刻成的磨墨用具。日語名稱源自磨墨（墨磨り，*sumisuri*）一詞。將少量的水滴在硯臺上，再研磨墨條，便能使煤溶成墨汁。

石を彫ってつくった、墨をするための道具。「墨磨（すみす）り」という意から名が付いた。硯の上に水をたらし、固形の墨をこすることにより、煤が溶け出して墨汁ができる。

5

硯屏　硯屏 けんびょう · *kembyo*

置於硯臺旁，防止灰塵掉入的小屏風。

硯のそばに立てて、塵や埃が入るのを防ぐ小さな衝立屏風。

水滴
水滴　*suiteki*
すいてき

貯水供磨墨的器具。

硯に入れる水をためておく器。

紙鎮
文鎮　*bunchin*
ぶんちん

用以壓住紙張，防止紙張移動或被風吹走的重物。

和紙が動いたり、風で飛んだりしないようにのせるおもし。

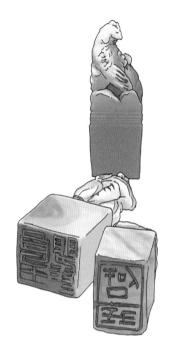

印章
印章 *insho* ／印鑑 *inkan*

在象牙、石頭、木頭等素材上刻字或圖樣，沾取紅色顏料轉印，以證明個人身分或職責的物品。圖中這種用於落款（405頁）的印章刻法，稱為「篆刻」。

文字やシンボルなどを彫り、朱をつけて印影を転写し、個人や職責の証とするもの。象牙、石、木などの素材でつくられる。イラストのような落款（らっかん／405頁）用の印章を彫ることを「篆刻（てんこく）」という。

印泥
印泥 *indei* ／印肉 *in-niku*

蓋印時所用的泥狀顏料。將銀朱溶於油，再加入艾草或紙纖維，使其凝固後製成。現在一般使用的印泥，多為吸飽紅色顏料的海綿。日語中，盛裝印泥的容器稱為「印池（*inchi*）」或「肉池（*nikuchi*）」。

印章につける朱肉のこと。銀朱に油分を溶かし、ヨモギや紙を加えて練り固めてつくられる。現在、一般に使用されているのは、スポンジに朱の液を染み込ませたもの。朱印を入れてある容器全体を印池（いんち）、または肉池（にくち）という。

和紙

和紙・*washi*

以楮等樹皮的纖維為原料製成的紙張，是日本傳統的手抄紙。紙質強韌，不易變質，可長期保存。除了寫字、作畫之外，也用於包裝或修補文化資產。著名的和紙包括福井縣的越前和紙、岐阜縣的美濃和紙。

楮（こうぞ）など樹皮の纖維を原料にしてつくられる、日本古来の手漉き紙。強靭で変質しにくいため保存に向いているとされる。文字や絵を書くだけでなく、包みに用いたり、文化財の補修にも使用されたりする。福井県の越前和紙や岐阜県の美濃和紙が有名。

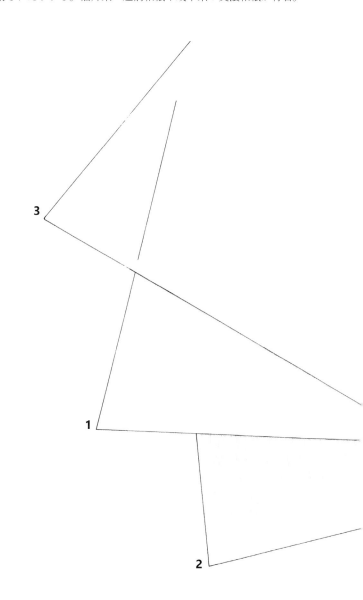

1

奉書紙

奉書紙 · *hoshoshi*

以楮為原料，紙質極佳的純白厚紙。因室町幕府使用此紙作為公文書信，而稱為「奉書」。現在市售的禮金袋（410頁）多使用這種紙張。

楮を原料とした真っ白で厚手の上質紙。室町幕府が公文書として用いたことから「奉書」と呼ばれた。現在市販されている祝儀袋（410頁）などの儀礼用の包みによく使われている。

2

檀紙

檀紙 · *danshi*

紙厚、表面有皺褶，是等級最高的和紙。包聘金或高額禮金時，多使用此種紙張製成的禮金袋。

厚手で表面に縮緬（ちりめん）状のしわがある最も格の高い和紙。結納や高額の祝儀袋に使用されることが多い。

3

半紙

半紙 · *hanshi*

書法用紙。原指裁成一半的杉原紙（產自今日兵庫縣杉原谷的和紙），因此被稱為「半紙」，現則演變為長約35cm、寬約25cm的書法用和紙的總稱。

習字用の紙。本来は杉原紙（現在の兵庫県杉原谷でつくられていた和紙）を半分に裁断したためにこの名が付いたが、現在は縦約35cm、横約25cmの書道用和紙の総称となっている。

千代紙

千代紙　*chiyogami*

（ち よ がみ）

以木版印刷的方式印上各種不同色彩圖樣的華麗和紙（396頁），分為京千代紙與江戶千代紙兩種。京千代紙多為名為「有職」的傳統圖樣，江戶千代紙則多為格紋或滿版的家紋等大膽創新的圖樣。

和紙（396頁）にさまざまな色柄を木版で刷った華やかなもの。京千代紙と江戸千代紙がある。京千代紙は有職（ゆうそく）模様などの伝統的な柄で、江戸千代紙は格子柄や紋尽くしなど大胆な柄のものが多い。

折紙
おりがみ
折り紙 · *origami*

將紙張折成動植物等不同形狀的手藝、遊戲。從以和紙包裹禮物的傳統技法「折形」演變而來，原本的目的為許願。最具代表性的例子就是為祈求病痛早日康復而折的一千隻紙鶴，稱為「千羽鶴」。

紙を折って動植物などを象る技法、遊び。和紙で贈りものを包む伝統的な作法「折形（おりがた）」から発展したもので、本来は祈りを捧げるためにつくる。病気の治癒や延命を祈りながら、鶴を千羽折る「千羽鶴」は有名。

紙籤
短冊 · *tanzaku*

撰寫俳句或短歌用的細長紙條。市售尺寸一般長約 36cm，寬約 6cm。

俳句や短歌などを書くための細長い紙のこと。市販品のサイズは縦約 36cm、横約 6cm。

紙板
色紙 · *shikishi*

用於撰寫和歌或簽名題字、幾近正方形的厚紙板。一般常見的市售品「大紙板」，尺寸為長約 27cm，寬約 24cm。

和歌や寄せ書きに使われる、ほぼ正方形の厚紙。よく目にする市販品の「大色紙」は縦約 27cm、横約 24cm。

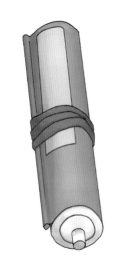

卷軸
卷子 · *kansu*

將和紙橫向黏貼串聯，並以布補強，末端裝上軸桿製成，構造與掛軸（387 頁）類似，收納時以軸桿為中心捲起。日本古時的圖文故事書（絵巻物，*emakimono*）大多為卷軸形式。

和紙を横に貼りつないで布などで補強し、端に軸をつけたもの。軸を芯にして巻物状にする。昔の絵巻物の多くが巻子である。構造は掛物（387頁）に似ている。

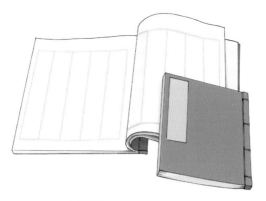

和式線裝書

和綴じ本 *watoji-bon* ／和裝本 *waso-bon*
わ と　　　ぼん　　　　　　　　　　　　　　　　　わ そうぼん

和帳 *wacho*
わ ちょう

將對折的紙疊成一疊，在書脊上下緣貼上包角布，再用線將紙張與封面一起縫製成冊的書或帳本。為日本自古使用的傳統裝幀方法，有各種類型，最基本的縫法為「四目式綴訂法（四つ目綴じ，*yotsume-toji*）」，另有「龜甲式綴訂法（亀甲綴じ，*kikko-toji*）」、「堅角四目式綴訂法（高貴綴じ，*koki-toji*）」等。

2枚に折った紙を重ね、その束の天地に角布を貼ってから表紙とともに糸で綴じた本もしくは帳面。日本で古くから行われてきた製本方法である。和綴じにはさまざまな種類があり、糸の掛け方には最も一般的な「四つ目綴じ」のほか、「亀甲綴じ」「高貴綴じ」などがある。

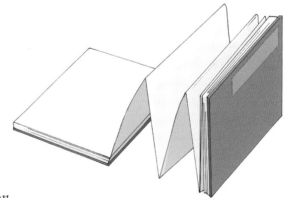

折子

折本 *ori-hon*
おりほん

將橫向黏貼串聯的紙張由一端開始折疊，未經裝訂的書冊。以佛經最具代表性，雙面皆有經文。空白的折子可作為御朱印帳使用；御朱印是佛寺、神社授予信眾的參拜證明。

横に貼りつないだ紙面を端から畳折りにした、綴じ目のない本。代表的なものは経典の折本で、両面にお経が書かれている。白無地の折本は御朱印帳にも用いられている。御朱印とは、寺社に参拝した際にその証として授け与えられる印のこと。

美術品收納盒

日本有將重要物品或美術工藝品收藏於木盒中的傳統習慣。據說此習慣源自收納佛具的盒子，一般為桐木盒。

日本には、大切な道具や美術工芸品を木の箱に入れてしまっておく伝統的な習慣がある。ルーツは仏具を納めるための箱とされる。桐製が一般的。

1

箱書

箱書　*hako-gaki* ／書付　*kakitsuke*

指寫在木箱蓋子外側或內側的文字，一般以毛筆（392頁）與墨（393頁）記錄作品名稱、作者姓名與收藏者姓名。箱書標示了作品來源，具有辨別真贗的作用。

箱の蓋の表もしくは裏側に書かれた文字のこと。収納する作品の名前や作者名、所蔵者などを筆（392頁）と墨（393頁）で書き記す。箱書はその作品の伝来を示し、権威付けを行うことに繋がる。

2

真田繩

真田紐　*sanada-himo*

用粗棉線以平編方式做成的編繩，經常附在收納茶具或美術工藝品的木盒上。傳說為安土桃山時代的武將真田昌幸所發明，因而得名。堅固耐用，因此古時也用於纏繞刀柄或作為刀鞘掛繩。

太い木綿糸を平組みにした紐のこと。茶道具や美術工芸品の箱に真田紐が付属している場合が多い。安土桃山時代の武将・真田昌幸が発明したことから名が付いたとされる。非常に丈夫なため、本来は刀の柄巻きや下げ緒に使われていた。

3

十字結

四方掛け結び　*yoho-kake-musubi*

以繩子固定方形盒子時最普遍的綁法。正面為蝴蝶結。

方形の箱に取り付けられた紐を結ぶ際の、最も一般的な結び方。正面から見ると蝶結びになる。

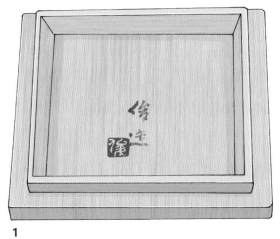

1

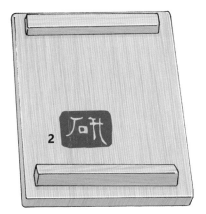

2

1

棧蓋
棧蓋 *sambuta*

內側附有邊框的木蓋，蓋上時，會將邊框部分卡進箱口。依邊框數量，分為「四方棧」與「二方棧」。

裏側に桟のついた蓋で、桟の部分を箱の口の内部にはめ込んで蓋をする。四方桟と二方桟がある。

2

落款／落成款識
落款 *rakkan* ／**落成款識** *rakuseikanshi*

作者在完成藝術作品後題署的書名、蓋印與簽名等的總稱。完整的正式名稱為「落成款識」。

作者が美術品の完成後に記入した書名、印、花押（かおう／サイン）などの総称。正式名称は「落成款識（らくせいかんし）」。

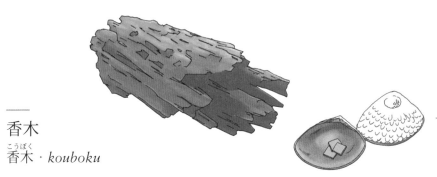

香木
こうぼく
香木・*kouboku*

遇熱就會散發芳香的木材。以沉香、白檀等最廣為人知，但兩者皆為東南亞產的稀有特殊樹種，無法在日本採得。使用方法為將小木片加熱，品味其香氣。

熱に触れると芳香を放つ木のこと。沈香（じんこう）や白檀（びゃくだん）などが知られるが、いずれも東南アジアで産する特殊かつ希少な樹木で、日本では採集できない。小さく割った小片に熱を加えて、香りを聞く。

香膏
ねりこう
練香・*nerikou*

在粉末狀的香料中加入蜜、梅肉、地錦等，使其凝固製成。使用的香料除了香木外，還有丁香、麝香、甲香等種類。一般用於室內香氛。

粉末状の香料に、蜜や梅肉、甘葛（あまづら）などを加えて練り固めたもの。香料は香木のほかに丁子（クローブ）、麝香（じゃこう／ムスク）、貝香などがある。練香は香りを部屋に漂わせる際に使う。

香道具・*koudogu*

仏教とともに、中国から伝来したとされる香文化。現代では「香りを聞く（嗅ぐ）」ことを作法として愉しむ「香道」にまで発展した。ここでは、香道で用いる道具の一部を紹介する。

香炉／聞香炉
香炉・*kouro*／聞香炉・*kiki-kouro*

焚香用的容器，有陶瓷、金屬等各種材質。先將灰置於容器中，埋入點燃的炭球（408頁），再將銀葉與香木置於上方，使其散發芳香。聞香時，將香爐放在左手心，用右手蓋住爐口，從縫隙品味香氣。

香をたくための器。陶器製、金属製などさまざまである。なかに灰を入れ、火をつけた炭団（たどん／408頁）を埋めて、その上に銀葉と香木を置いて香りを漂わせる。香炉を左手のひらにのせ、右手で口縁を覆い、その隙間から香りを聞く。

銀葉
銀葉・*gin-yo*

具銀或錫等金屬邊框的雲母片，用於放置香木片。在香道中，會以稱為「銀葉鑷（銀葉挾，*gin-yo-hasami*）」的專用夾子夾取銀葉。

薄い雲母（うんも）の板に、銀、錫（すず）など金属の縁をつけたもの。その上に香木の小片をのせる。香道の手前では、銀葉挟（ぎんようはさみ）という専用のピンセットで銀葉を扱う。

炭球／香炭球

炭団・*tadon*／香炭団・*kou-tadon*

用鹿角菜膠將木炭粉末塑形並乾燥後製成的燃料。一般多為圓球狀，不過用於香道的香炭球形狀則類似木炭。

木炭の粉末をふのりなどで固めて乾燥させた燃料。香道以外で使われる炭団（たどん）は球状である場合が多い。香道で使用する香炭団は木炭のような形をしている。

折據

折据・*orisue*

以紙折成的盒子，上方有開口，用於盛裝香道與茶道所使用的卡片。在香道的「組香」遊戲中，會焚燒多種香木，與會者要憑香氣猜測是哪一種香，再將自己認為的答案卡片投入折據中。

香道の手前や茶道の点前で使用する札を入れておく包み。紙を折り畳んでつくられており、上部を開くと箱状になる。香道では「組香（くみこう）」といって、数人が集まって数種の香木をたき、香りを聞き分けて愉しむ会で、正解だと思う札を入れていくときに使用する。

銀葉盤

銀葉盤・*gin-yo-ban*

用於放置銀葉（407頁）的漆器盤。由於每焚一種香就必須更換一次銀葉，因此必須準備與薰香相同數量的銀葉。圖中形狀像花一般的部分，材質為貝殼或象牙，用來放置銀葉。

銀葉（407頁）をのせるための漆塗りの台。香をたくごとに銀葉を変えるので、たく香の数だけ、あらかじめ銀葉を準備しておく。イラストのような花の形をしたものは貝あるいは象牙でできており、その上に銀葉をのせる。

香貝

源氏香之圖／源氏香

源氏香之図・*genjiko-no-zu*／源氏香・*genjiko*

用5個香爐焚燒5種香木，再逐一分辨香味的組香遊戲，稱為「源氏香」；而表示其答案的圖形則稱為「源氏香之圖」。以5條直線表示5個香爐，參與者必須將自己認為香味相同的香爐以橫線連起，共有52種圖形變化。取《源氏物語》54帖扣除頭尾後的52個篇名，作為每一個圖形的名稱。源氏香的圖形也常見於各種美術工藝品。

5種類の香木を用いて、5つの香炉で焚いた香りを聞き分ける組香「源氏香」の答えを表す図形のこと。5本の縦線が5つの香炉を表し、同じ香りと思った香炉同士を横線で繋ぐと52通りの図になるので、『源氏物語』54帖のうち最初と最後を除いた巻名を、その図形に当てはめている。図形は文様としておもしろく、美術工芸品にも取り入れられている。

生活用品

日本在婚喪喜慶致送他人金錢或禮品時，習慣綁上「水引」（412頁）裝飾。從前人們會自己折紙包裝，但現在幾乎都使用市售品。

禮金袋
祝儀袋 *shugi-bukuro*

因對方結婚、升遷、搬家等喜事，而贈送金錢作為祝賀時使用的包裝袋。禮金袋背面下半部的反折必須蓋在上半部的反折之上，正面會寫上「御祝」等字樣。

結婚、昇進、転居などの祝儀（慶事）があった相手に、金錢を贈るための包み。裏側の下部の折り返しを、上部の折り返しの上に重ねるのが決まり。表書きには「御祝」などと書く。

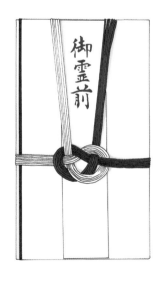

奠儀袋
不祝儀袋 *bu-shugi-bukuro*

因對方家中有喪事，而致送金錢作為慰問時使用的包裝袋。奠儀袋背面上半部的反折必須蓋在下半部的反折之上。作為奠儀時，正面會寫上「御靈前」、「御佛前」、「御香奠（典）」、「玉串料」等字樣；有時會用顏色較淡的墨水書寫。

不祝儀（弔事）があった相手に、金錢を贈るための包み。裏側の上部の折り返しを、下部の折り返しの上に重ねるのが決まり。葬儀の際には表書きに「御靈前」「御佛前」「御香奠（典）」「玉串料」などと書く。薄墨で書く場合もある。

贈答 · *zoto*

冠婚葬祭で金銭あるいは進物を贈る際に、紙に包んで水引（みずひき／412頁）をかけることが日本のならわし。古くは自ら紙を折っていたが、現在では市販の包みを使用することがほとんど。

禮籤
熨斗 *noshi* ／折り熨斗 *ori-noshi*
熨斗鮑 *noshi-awabi*

日語所謂的「熨斗鮑」指曬乾的鮑魚薄片，在日本是獻給神明的供品，致贈賀禮時亦會附上。以紅白雙色紙張包覆鮑魚片的形式，稱為「折り熨斗」，不過現在多使用一張黃色紙張來代替真的鮑魚片。

熨斗鮑とは鮑の身を削り、薄く叩き伸ばして乾燥させたもの。神事の供え物であり、祝儀に欠かせない品物である。その熨斗鮑を紅白の紙で包んだものを「折り熨斗」という。現在よく見られる「折り熨斗」は熨斗鮑が黄色い紙片に替わっているが、本来は本物の熨斗鮑が使われていた。

包裝紙
熨斗紙 *noshi-gami* ／掛け紙 *kake-gami*

印有禮籤和水引圖樣的禮品包裝紙，可根據用途挑選適合的水引顏色與綁結。正式使用方法為在水引上方寫「御祝」等贈禮的目的，下方寫送禮者的姓名。至於伴手禮等小禮物，可使用什麼都不寫的「無地熨斗」、「素熨斗」。

贈答の品にかける、折り熨斗と水引が印刷された紙。用途に合った水引の色や結び方のものを使う。水引の上に「御祝」など贈答の目的、下に贈り主の名前を書くのが正式。手土産などの軽い贈答品にかける場合には、どちらも書かない「無地熨斗」「素（す）熨斗」でもよいとされる。

水引

水引
水引・*mizuhiki*

塗上漿糊使和紙（396頁）乾燥變硬製成的紙撚，集結成束綁在禮金袋或奠儀袋上。禮金袋一般使用紅白或金銀雙色的水引，奠儀袋則使用黑白、黃白雙色或兩條銀色的水引。依據不同用途必須打成不同的結。

死結

真結び・*ma-musubi*
結び切り・*musubi-kiri*

無法拆開的結，屬級別最高的水引結。用於婚禮或喪禮等「希望只有一次」的場合。

解けることのない、最も格の高い結び。結婚式や葬儀など1度きりであってほしい事柄に使われる。

雙輪結

両輪結び・*morowana-musubi*

類似蝴蝶結，只要拉兩端就能輕易解開。用於慶祝生產、入學等「希望可以發生很多次」的喜事。

蝶結びに似た形で、両端を引っ張るとさっと解ける。何度あってもよい、出産祝いや入学祝などの慶事に用いる。

和紙（396頁）のこよりに水糊をひいて乾かし固めたもの。それを束にして包みに結ぶ。祝儀袋には紅白や金銀の水引、不祝儀袋には黒白や黄白、双銀の水引を用いる。用途に応じて結びの形にも決まりがある。

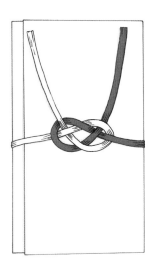

鮑結／淡路結

鮑結び · *awabi-musubi*
<small>あわびむす</small>

淡路結ぶ · *awaji-musubi*
<small>あわじ むす</small>

多用於結婚禮金的水引結。拉扯兩端，結就會變得更緊。

結婚の祝儀用に使われることの多い結び。両端を引っ張ると結びがより締まる。

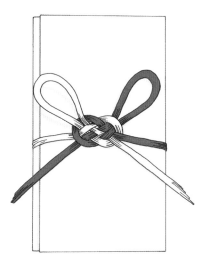

豪華鮑結／豪華淡路結

鮑返し · *awabi-gaeshi*
<small>あわびがえ</small>

淡路返し · *awaji-gaeshi*
<small>あわじ がえ</small>

鮑結（淡路結）的變化版，不需剪斷即可用一條長水引打出的結。「剪」這個動作會讓人聯想到切斷關係，因此為喜慶場合所避諱。

鮑（淡路）結びを応用したもの。長い水引を切ることなく結ぶことができる。「切る」という言葉は物や人との繋がりが切れることを連想させ、祝いの場にふさわしくない「忌み言葉」とされる。

大入袋

大入袋 *oiri-bukuro*

戲劇演出或相撲比賽的觀眾爆滿（大入り，*oiri*）時，用來發給相關工作人員、裝入慰勞獎金的包裝袋。

芝居や相撲で客が大勢入った（大入）ときに、関係者に慰労と祝いの気持ちで配るお金を入れる。

新年紅包袋

ポチ袋 *pochi-bukuro*

用來裝壓歲錢的包裝袋。日語名稱源自關西方言中意指一點點的「ぽちっと（*pochitto*）」，關東方言中則稱為「これっぽち（*koreppochi*）」。

お年玉などを入れる袋。関西弁で「ほんの少し」という意味の「ぽちっと」、関東弁は「これっぽち」という言葉が語源とされる。

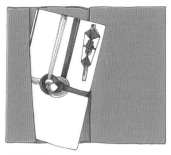

金封袱紗
（金封袱紗 *kimpu-fukusa*）

附底板袱紗
（台付き袱紗 *daitsuki-fukusa*）

袱紗
ふくさ
袱紗・*fukusa*

日本傳統習慣用袱紗或小型包袱巾（185頁）包覆贈禮，近年發展出方便攜帶禮金、奠儀袋的袱紗。「金封袱紗」可將禮金、奠儀袋夾在對折的袱紗中間，扣住加以固定；「附底板袱紗」附有一片塗漆的木板，可將禮金、奠儀袋置於底板上，再用袱紗包裹起來，且用於喜事和用於喪事的包法不同。此外，正確的禮法是在對方面前將袱紗打開，取出禮金、奠儀袋交給對方。

贈答品は袱紗（ふくさ）や小風呂敷（185頁）で包んで持参するのが本来だが、近年は持ち運びに便利な金封専用の袱紗がある。金封袱紗は二つ折りの布の内側に金封を挟む綴じがついたもの。台付き袱紗には塗り板が取り付けられており、その上に金封をのせて袱紗で包む。袱紗の包み方は祝儀と不祝儀で異なる。相手の目の前で袱紗を広げ、金封を渡すのがマナー。

禮金托盤
きって ぼん
切手盆・*kittebon*

將禮金袋或奠儀袋（410頁）交給對方時使用的小型塗漆托盤。在日本傳統文化中，直接用手將贈禮交給對方是一種失禮的行為，因此正式的做法是放在托盤上。而帶走托盤時，必須用袱紗包覆起來才合乎禮節。

祝儀袋や不祝儀袋（410頁）を相手に渡すときにのせる小ぶりな塗り盆。相手への進物を直接、手渡しすることは無礼とされていたために切手盆が正式であった。切手盆を持っていく際には袱紗に包んでおくのがマナー。

神龕

神龕是在家中重現神社祭壇，每天供奉供品、祭拜神明的地方。一般祭祀從神社求回的「神符」。

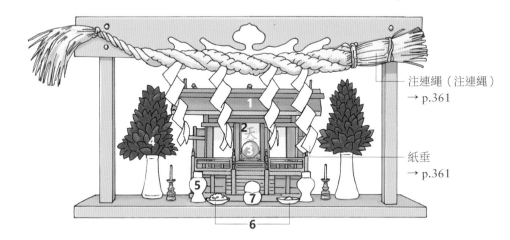

注連繩（注連繩）
→ p.361

紙垂
→ p.361

1

宮形　宮形・*miyagata*

神社的縮小模型。分為「一門（一社造り，*issha-zukuri*）」或「三門（三社造り，*sansha-zukuri*）」等，圖中為「單頂三門（通し屋根三社造り，*toshi-yane-sansha-zukuri*）」的形式。

神社を模した小形の社。一社造りや三社造りなどがある。イラストは「通し屋根三社造り」。

2

神符　御神札（御札）・*ofuda*

自祭祀氏神※的神社求得的神符，將其供奉於家中祭拜，以伊勢神宮內宮的神符「神宮大麻」為代表。伊勢神宮內宮祭祀的是日本最崇高的神明——天照大御神，為全日本神社的總鎮守；外宮與別宮則祭祀其他神明。
※ 譯注：居住在同一地區的民眾所共同信仰的神。

伊勢神宮内宮（ないくう）の御札（神宮大麻）を中心に、氏神様など崇拝する神社の御神札を祀って拝礼する。伊勢神宮内宮とは日本の神・天照大御神（あまてらすおおみかみ）が祀られている神社で、全国の神社の総鎮守。伊勢神宮の外宮や別宮にはほかの神が祭られている。

神棚 · *kamidana*

神棚とは家の中に神社の神前を再現し、日々神様の召し上がり物を供えて礼拝する場所のこと。神社からいただいた御神札（おふだ）を祀（まつ）る。

____ 3

神鏡　神鏡 · *shinkyo*

一般神社會將鏡子擺在神壇的正中央，作為「御靈代」，亦即神明的替代象徵，供信眾參拜，而這種鏡子就稱為「神鏡」。家中的神龕也會擺放。

神社の神前では、鏡は神の御霊代（みたましろ）、依り代として中央に据えられている。この鏡を「神鏡」と呼ぶ。それにならい、神棚にも神鏡を置く。

____ 4

紅淡比　榊 · *sakaki*

山茶科常綠喬木，自古用於祭神，因此日語中使用假借字「榊」表示。根據傳統習俗，每個月 1 日和 15 日必須替換。

ツバキ科の常緑小高木で、古くから神事に用いられるため「榊」という字をあてられている。榊は毎月1日と15日に取り替えるのがならわし。

____ 5

神酒瓶　瓶子 · *heishi*

成對的酒瓶，用於盛裝供奉神明的「御神酒」。

御神酒（おみき）を入れて供える、左右一対の器。

____ 6

平甕　平瓮 · *hiraka*

盛裝米、鹽，以供奉神明的容器。

米と塩を入れて供える器。

____ 7

水玉／水器　水玉 · *mizutama* ／水器 · *suiki*

附蓋的盛水容器，用以每日供奉神明。

水を入れて毎日供える蓋付きの器。

佛龕

佛龕是在家中重現寺院的佛殿，祭祀佛像與祖先靈位的地方。

仏壇 · *butsudan*

仏壇は家の中に寺院の仏殿を再現し、仏像を祀り、先祖の霊を供養するための場所である。

佛龕
仏壇 · *butsudan*

安置佛像和牌位的箱型祭壇。內部擺設仿照寺院的正殿，因此佛龕中央祭祀的是佛像，而非牌位。而牌位則放在佛像旁祭祀，此舉源自佛教思想，認為祖先可因此成佛。基本的供品為線香、花、蠟燭、淨水與飲食，稱為「五供」。佛龕的構造、佛具與供品因佛教宗派而異。

本尊や位牌を安置するための箱状の祭壇。内部は寺院の内陣（本尊を祀る場所）を模しているため、仏壇の中心は位牌ではなく本尊である。位牌を本尊の近くに祀るのは、「亡くなった人はすべて仏になる」という仏教思想による。供え物は「香＝線香」「花」「灯燭（とうしょく）＝ロウソク」「浄水」「飲食（おんじき）＝ご飯」の「五供（ごくう）」が基本とされる。仏壇の構造や仏具、供え物は各宗派によって異なる。

1

佛像
本尊 · *honzon*

日語所謂的「本尊」是寺院祭祀的佛像當中最主要的一尊，而祭祀於佛龕中的佛像也大多稱為「御本尊」。各宗派所尊崇的本尊不同。有時也會像圖中一般，以繪有佛像的小掛軸（387頁）代替佛像。

本尊とは、寺院に祀られている仏像の中で、最も中心となる仏像のこと。仏壇においては中に祀る仏像を「ご本尊」と呼ぶことが多い。本尊は宗派によって異なる。イラストのように、仏像が描かれた小さな掛け軸（387頁）を飾る場合もある。

2

牌位
位牌 · *ihai*

寫有故人法號（戒名，*kaimyo*）的木牌，背面記載俗名、歿年月日及享年。一般會在早晚祭拜佛像與牌位，獻上供品、緬懷故人。

故人の仏名（戒名／かいみょう）を書いた木牌。裏には俗名と没年月日、享年が書かれる。朝晩、仏像と位牌を拝み、供養をして故人を偲（しの）ぶ。

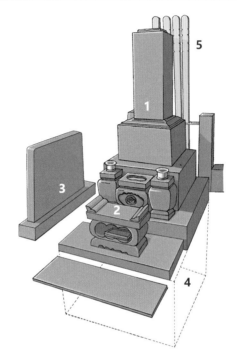

1

墓碑

棹石 · *sao-ishi* ／仏石 · *hotoke-ishi*

刻有「○○家之墓」等文字的石碑,日本的習俗認為這是用來迎接佛祖的石碑。

「○○家之墓」といった家名などの文字が刻まれる石。仏様を迎えるための石とされている。

2

香爐［墳前用］

香炉 · *kouro*［墓前用］

供奉線香的地方。形式如圖,這種將石頭挖空,讓香能夠橫放其中的設計,可以避免香被風吹熄,上方可擺放佛經或供品。

線香を供えるところ。イラストのように、石をくり抜いた中に線香を寝かせて供えるタイプのものは、風で火が消えにくく、上には経典や供え物が置けるようになっている。

墓・*haka*

火葬後の遺骨や骨壺は墓地に埋葬する。墓の形は地域によってさまざまだが、納骨室の上に台石と棹石を重ねた「和型墓石」が一般的。

3

家族墓誌

墓誌・*boshi*
<small>ぼ し</small>

刻有埋葬在該墳墓內所有先人的法號、出生年月日、歿年月日等的石碑。

その墓に埋葬されている先祖全員の戒名、生年月日、没年月日などが刻まれている。

4

墓室

納骨室・*nokotsushitsu* ／ カロート・*karoto*
<small>のうこつしつ</small>

墳墓基石下用於放置遺骨或骨灰罈的小空間。日本的墓室有 2 種類型，一種是認為遺骨應該回歸大地，因此保留墓室底部的土地，將遺骨從骨灰罈取出，置於墓室內；另一種是在墓室底部鋪設水泥，直接將骨灰罈安置其中。

台石の下に遺骨や骨壺を安置する小室。納骨室のタイプは2種類ある。人の骨は土に還るという考えから、納骨室の底を土のままにして、骨壺から遺骨を出して納めるタイプ。もう一つは、底をコンクリートにして、骨壺のまま納めるタイプ。

5

卒塔婆

卒塔婆・*sotoba*
<small>そ と ば</small>

寫有法號，立在墳墓後方的細長木板。名稱源自安置釋迦牟尼遺骨的佛塔「stupa」，尖端也做成塔的形狀。在盂蘭盆節（150 頁）或彼岸會祭祀祖先時，會請寺院或墓園幫忙準備。

仏名、戒名（かいみょう）などを書いて墓の後ろに立てる細長い板。釈迦の遺骨を埋葬した上に立てられた塔「ストゥーパ」に由来する名前で、先端が塔の形になっている。お盆（150頁）やお彼岸など先祖供養の際に、寺院や霊園に頼んで用意する。

和食

食器

索引

傳統節慶

和服

傳統藝能

日本建築

生活用品

最美的日本文化名詞學習圖鑑

六大主題、千項名詞，從文化著手，升等素養，擺脫死背，立刻融入日本！

編　　著 —— 淡交社編集局
監　　修 —— 服部幸應、市田ひろみ、山本成一郎
插　　畫 —— 末吉詠子
翻　　譯 —— 周若珍
特約編輯 —— 陳柔君
主　　編 —— 林蔚儒
總 編 輯 —— 李進文
執 行 長 —— 陳蕙慧
行銷總監 —— 陳雅雯
行銷企劃 —— 尹子麟、余一霞
封面設計 —— 謝捲子
內文排版 —— 簡單瑛設
出 版 者 —— 遠足文化事業股份有限公司
發　　行 —— 遠足文化事業股份有限公司 (讀書共和國出版集團)
地　　址 —— 231 新北市新店區民權路 108-2 號 9 樓
電　　話 —— (02) 2218-1417
傳　　真 —— (02) 2218-0727
客服信箱 —— service@bookrep.com.tw
郵撥帳號 —— 19504465
客服專線 —— 0800-221-029
網　　址 —— https://www.bookrep.com.tw
臉書專頁 —— https://www.facebook.com/WalkersCulturalNo.1
法律顧問 —— 華洋法律事務所　蘇文生律師
印　　製 —— 呈靖彩藝有限公司

定　　價 —— 新臺幣 680 元

初版一刷　西元 2020 年 07 月
初版五刷　西元 2024 年 03 月
Printed in Taiwan
有著作權　侵害必究

特別聲明：有關本書中的言論內容，不代表本公司／出版集團之立場與意見，文責由作者自行承擔。

國家圖書館出版品預行編目資料

最美的日本文化名詞學習圖鑑：六大主題、千項名
　詞，從文化著手，升等素養，擺脫死背，立刻融入
　日本 / 服部幸應, 市田ひろみ, 山本成一郎監修 ; 淡
　交社編集局編 ; 末吉詠子繪 . -- 初版 . -- 新北市 : 遠
　足文化 , 2020.07
　　面；　公分
　ISBN 978-986-508-058-7（平裝）

1. 文化　2. 詞典　3. 日本

731.304　　　　　　　　　　　　　　109002813